RÉPUBLIQUE FRANÇAISE

MINISTÈRE DU COMMERCE, DE L'INDUSTRIE, DES POSTES ET DES TÉLÉGRAPHES

DIRECTION DU TRAVAIL

COMMISSION DE CODIFICATION DES LOIS OUVRIÈRES

CODE DU TRAVAIL
ET DE LA PRÉVOYANCE SOCIALE

LIVRE V

RAPPORTEUR : M. GEORGES PAULET

RAPPORT

DE LA COMMISSION DE CODIFICATION DES LOIS OUVRIÈRES (1)

SUR LE LIVRE V :

DES ASSURANCES OUVRIÈRES

RAPPORTEUR : M. **Georges PAULET**,

DIRECTEUR DE L'ASSURANCE ET DE LA PRÉVOYANCE SOCIALES AU MINISTÈRE DU COMMERCE.

Le Livre V du *Code du Travail et de la Prévoyance sociale* contient les dispositions législatives en vigueur sur les différentes assurances ouvrières.

Il a été conçu et ordonné d'après les principes et les méthodes déjà suivis pour les livres précédents et exposés dans le rapport initial du Président de la Commission, en date du 16 avril 1904.

Son cadre, qui se trouvait indiqué dans ce rapport tel qu'il avait été provisoirement arrêté par la commission au seuil de ses travaux, a dû, à l'étude plus précise des dispositions multiples qu'il englobe, être quelque peu modifié et élargi.

Sa division définitivement adoptée comprend sept titres, relatifs, le premier, aux accidents de travail; le deuxième, aux assurances contre la vieillesse et l'invalidité; le troisième, aux assurances contre la maladie et de

---

(1) La Commission de codification des lois ouvrières est composée de MM. Louis Ricard, ancien Garde des Sceaux, *Président;* Bourguin, professeur adjoint à la Faculté de Droit de Paris; Chausse, maître des requêtes au Conseil d'État, Directeur du Cabinet au Ministère du Commerce; Dubief, député, président de la Commission du travail; Duboin, Conseiller à la Cour de cassation; Fontaine (Arthur), directeur du Travail au Ministère du Commerce; Girard, sénateur; Groussier, ancien député; Jay, professeur à la Faculté de droit de l'Université de Paris; La Borde, conseiller à la Cour de cassation; de Moüy, conseiller d'État; Georges Paulet, directeur de l'Assurance et de la Prévoyance sociales au Ministère du Commerce; Strauss, sénateur; Vel-Durand, conseiller d'État. — *Secrétaires :* MM. Bourdeaux, juge suppléant au Tribunal civil de la Seine; Brice, docteur en droit, chef de bureau au Ministère du Commerce; Petit, docteur en droit, avocat à la Cour d'appel de Paris; Rossy, commissaire contrôleur des Sociétés d'assurances contre les accidents du travail.

décès; le quatrième, à l'assurance contre le chômage; les trois derniers, à des dispositions diverses, aux pénalités et aux dispositions transitoires.

On n'a pas compris dans le Livre V la législation sur la caisse des invalides de la marine, qui, à raison de son caractère particulièrement administratif et de ses étroits rapports avec la législation sur l'inscription maritime, n'aurait pu entrer que pour partie dans le Code de la prévoyance et qui, au surplus, semble vouée, comme la législation sur l'inscription maritime elle-même, à une refonte certaine.

Ce livre des Assurances ouvrières ne comprend pas non plus, malgré ce que cette élimination peut au premier abord présenter de paradoxal, la législation sur les sociétés de secours mutuels.

En dépit des observations présentées par plusieurs membres de la Commission sur l'indéniable caractère d'assurance que le législateur du 1er avril 1898 a manifestement entendu imposer, pour certains cas, et, pour les autres, conseiller aux sociétés de secours mutuels dans les opérations dont il étendait si largement la sphère, la Commission, sans contester la justesse de ce point de vue ni la nécessité de cette orientation, a pensé que, dans les circonstances actuelles, à un moment où les sociétés de secours mutuels semblent chercher leur voie définitive et garder quelque tendance à récuser les règles techniques de l'assurance, il ne serait pas sans inconvénient d'incorporer au Livre des « asurances ouvrières » la législation spéciale qui les régit et de paraître faire ainsi sur leurs initiatives une pression dont elles pourraient prendre ombrage.

La codification de la loi du 1er avril 1898 reste donc renvoyée au Livre de la Prévoyance (livre VI), dont elle doit former le premier Titre.

Le Livre V réunit et coordonne toutes les autres lois actuellement en vigueur sur les différentes assurances ouvrières. On a même pris soin d'y introduire, pour des dispositions qui s'imposent et déjà s'élaborent, des cadres d'attente, destinés à retenir l'attention du Parlement et à ménager, toutes prêtes, les rubriques de législations nécessaires, qui ne sauraient longtemps tarder à survenir.

C'est ainsi que se trouvent réservées et marquées par avance les places d'une loi sur la responsabilité des accidents agricoles, qu'étudie en ce moment même une commission interministérielle récemment instituée; d'une loi sur les accidents survenus aux marins, qui a déjà fait l'objet des travaux d'une autre commission interministérielle et dont il est regrettable que le Parlement ne se trouve point encore saisi; d'une loi générale relative au régime des retraites ouvrières, sur laquelle la Commission d'assurance et de prévoyance sociales de la Chambre des députés vient de déposer son rapport; d'une loi sur les maladies professionnelles, étudiée déjà au point de vue technique par une commission de médecins et de spécialistes et actuellement en cours d'élaboration juridique devant le comité consultatif des assurances contre les accidents du travail; enfin d'une loi sur l'assurance contre le chômage, dont les subventions aux caisses syndicales de chômage, admises récemment en principe par la Chambre, ne seront sans doute que la préface, ou plus tard le complément, et dont le Conseil supérieur du Travail a préconisé à bon droit l'étude législative.

Dans le cadre ainsi préparé, le TITRE Ier, consacré aux accidents du travail, groupe, au CHAPITRE Ier, le droit commun du risque professionnel, tel que l'a mis en œuvre la loi du 9 avril 1898. Le CHAPITRE II comprend les dispositions d'exception applicables aux accidents agricoles, en attendant qu'elles puissent être remplacées par une législation destinée, comme l'avait entrevu dès l'origine le Parlement, à étendre à ces accidents la législation de 1898, dans toutes celles de ses dispositions qui ne se trouveront point incompatibles avec les conditions particulières de l'exploitation agricole. Le CHAPITRE III contient, pour le moment, la législation spéciale appliquée aux accidents de la marine marchande par la loi du 21 avril 1898, en attendant que vienne s'y substituer une législation moins disparate, inspirée elle aussi des principes généraux de la loi du 9 avril 1898. Enfin, le CHAPITRE IV traite des assurances effectuées par la Caisse nationale d'assurance en cas d'accidents, soit qu'elles visent les accidents en général, soit qu'elles s'appliquent spécialement aux accidents régis par la loi de 1898.

Le TITRE II (Vieillesse et Invalidité) et le TITRE III (Maladie et décès) n'étaient pas sans présenter, sur quelques points, soit entre eux, soit au regard des livres voisins, des difficultés de frontière; et il est à présumer qu'au fur et à mesure du développement des assurances ouvrières, surtout si la mutualité y prend la part qu'il faut souhaiter, les pénétrations apparaîtront de plus en plus étroites et nombreuses entre les régimes d'assurance contre la maladie et contre l'invalidité. Il a paru cependant qu'en l'état des textes retenus dans le Livre V, il y avait intérêt à laisser place distincte aux assurances contre la vieillesse et l'invalidité, d'une part, aux assurances contre la maladie et le décès, de l'autre.

Ayant égard, moins encore aux rapports immédiats établis entre les dispositions relatives à ces diverses assurances par les législations présentes qu'aux rapports logiques qu'il est permis d'entrevoir entre elles dans des législations maintenant prochaines, la Commission a tenu à mettre, autant qu'il était en elle, le Code qu'elle élaborait à l'abri de remaniements inutiles. Ainsi, pour ne citer qu'un exemple, elle s'est décidée à ranger les maladies professionnelles, non pas dans le Titre des accidents du travail, auquel sembleraient au premier abord les rattacher actuellement des propositions d'initiative parlementaire qui s'appuient surtout sur une assimilation de ce risque spécial au risque d'accident, mais dans le Titre de la maladie et du décès : il lui a paru, d'une part, que, d'après la jurisprudence dès maintenant établie, les affections pathologiques causées, déterminées ou directement aggravées par des accidents étaient sans conteste assimilables aux accidents eux-mêmes, et que, d'autre part, en ce qui concerne les autres maladies professionnelles, pour soustraire autant que possible ouvriers et chefs d'entreprise aux diagnostics discrétionnaires des médecins et à des litiges hasardeux sur l'origine et la responsabilité professionnelles de ces maladies, le législateur se trouverait en toute vraisemblance amené à organiser, dans les industries spécifiquement et notoirement insalubres, un régime complet d'assurance-maladie, couvrant sans distinction l'intégralité des maladies contractées dans le travail de ces industries, sauf à répartir cette couverture en cotisations équitablement arbitrées qui, d'après des moyennes statistiques à déterminer, représenteraient pour le patron la charge de la maladie professionnelle et pour l'ouvrier la charge de la maladie banale.

Sur ces bases, le titre II a été consacré à tout ce qui doit concerner la vieillesse et l'invalidité. Son CHAPITRE Ier est réservé à la loi générale sur les retraites ouvrières, dont le Gouvernement a annoncé le prochain débat et qui ne saurait manquer de venir, à brève échéance, constituer le droit commun de l'assurance en matière de retraites ouvrières. Les CHAPITRES II, III et IV reproduisent les dispositions actuellement en vigueur sur les retraites des ouvriers mineurs, les retraites des ouvriers des chemins de fer et les retraites d'invalidité dans la marine marchande. Le CHAPITRE V reprend la législation qui, en attendant un régime général de retraites, a introduit des sûretés particulières dans l'organisation et la gestion des caisses patronales de retraites, quelles que soient les industries auxquelles elles appartiennent. La Caisse nationale des retraites pour la vieillesse, qui est appelée à réaliser la constitution de la plupart des retraites visées dans les chapitres précédents, fait l'objet du CHAPITRE VI, et le CHAPITRE VII est affecté aux allocations de majorations ou bonifications de pensions à servir aux rentiers de la Caisse nationale des retraites pour la vieillesse et d'autres institutions de prévoyance.

Le TITRE III (Maladie et décès) est divisé en deux chapitres : assurances en cas de maladie, assurances en cas de décès. Dans le CHAPITRE Ier, on ne pouvait comprendre les sociétés de secours mutuels, puisque cette matière était, pour les raisons sus-énoncées, rejetée par la Commission au Livre VI ; on ne pouvait non plus, en présence du développement remarquable et toujours grandissant de ces sociétés, convier le législateur à taire jusqu'à leur nom dans le domaine de l'assurance contre la maladie, comme si cette assurance était encore tout entière à organiser. La *Section I* se borne à prendre acte en quelque sorte des résultats acquis, en se référant à la législation sur les sociétés de secours mutuels reportée au Livre VI, en même temps qu'à la législation sur les caisses de secours des syndicats professionnels et aux dispositions du Code de commerce qui règlent les indemnités dues aux marins en cas de maladie. Les *Sections II et III* sont consacrées aux dispositions en vigueur sur l'assurance-maladie dans les mines et aux dispositions en préparation sur l'assurance des maladies professionnelles dans les industries spécialement insalubres.

Dans le CHAPITRE II sont venues tout naturellement se réunir les dispositions relatives aux assurances effectuées par la Caisse nationale d'assurance en cas de décès, qu'elles s'appliquent aux assurances en cas de décès proprement dites, aux assurances temporaires en matière d'habitations à bon marché, ou aux assurances mixtes.

Une assurance contre le chômage parerait au risque ouvrier le plus fréquent et le plus lourd, en même temps qu'elle formerait la clef de voûte des autres assurances ouvrières : malgré l'indiscutable difficulté que présente encore son organisation, en l'absence de statistiques exactes et en raison d'un élément de volonté personnelle qu'il faudrait réussir à isoler en majeure partie du risque sous peine de le dénaturer, cette organisation ne s'en impose pas moins à l'attention législative, et il importe, à tout le moins, qu'une loi prochaine permette, en cette assurance malaisée entre toutes, de tenter des expériences qui ne pourraient trouver ni de base ni d'abri dans notre législation actuelle. C'est l'objet réservé au TITRE IV.

Le TITRE V recueille les dispositions d'ordre général qui, pour les caisses patronales recourant aux différentes assurances prévues par les titres précédents, ont ménagé aux ouvriers quelques garanties et quelques moyens d'action pour la sauvegarde de leurs droits.

Enfin, les TITRES VI et VII visent les pénalités et les dispositions transitoires.

Ce sommaire de l'ordre adopté laisse aisément deviner à quelles difficultés se heurtait une classification logique, en des matières si nombreuses et si complexes. Pour autant que le permettaient la disparité et, dans certains cas, l'inéluctable connexité des dispositions législatives à codifier, la Commission a pris soin, comme on le voit, d'aller, en principe, des dispositions plus générales aux dispositions plus particulières, des dispositions qui organisent un statut obligatoire aux dispositions facultatives qui se bornent à ouvrir des facilités ou à réserver des encouragements, et enfin des dispositions qui déterminent les bases et les règles des différentes assurances aux organismes qui concourent à leur réalisation.

Il a d'ailleurs paru qu'il y avait un avantage évident à ne disjoindre les textes que dans la mesure rigoureusement requise par l'ordre indispensable de la codification. De telles disjonctions ne sont jamais sans péril au regard des interprétations nouvelles qu'en pourraient déduire l'administration ou les tribunaux, et, si elles s'imposaient parfois dans certains des livres précédents du Code, elles n'avaient point au Livre V d'impérieuses raisons d'être, parce que la plupart des textes qu'il réunit, ou bien sont de date trop récente et d'interprétation judiciaire trop active encore pour qu'il n'y ait point intérêt pressant à les laisser autant que possible dans leur contexte actuel, ou bien, au rebours, sont de date si ancienne et d'utilité si peu éprouvée, ou d'insuffisance si manifeste, qu'il y aurait quelque candeur à demander au législateur d'en rajeunir la forme, et quelque inconvénient à paraître présager à leur archaïsme stérile, par ce rajeunissement même, une consécration de longue portée.

Pour les mêmes motifs, on s'est abstenu de proposer, comme il avait semblé nécessaire de le faire dans certains des livres précédents, des modifications de fond aux textes en vigueur. En dehors des suppressions de doubles emplois incontestés ou de dispositions transitoires désormais sans application, on s'est interdit ici toute suggestion de modification législative, les lois récentes d'assurance ouvrière devant appeler à plus ou moins brève échéance, au cours de l'expérience qui s'en poursuit, des remaniements autrement profonds que ceux qu'aurait pu indiquer la Commission, et les lois anciennes étant vouées ou à des abrogations complètes ou à des refontes importantes qui eussent également excédé sa compétence.

On a fait seulement exception en ce qui concerne les sanctions pénales, en raison des contrastes choquants et des inégalités par trop injustes que faisait apparaître au grand jour le rapprochement de dispositions actuellement reléguées dans des textes sans relations entre eux : ainsi, dans le régime spécial des retraites des ouvriers mineurs, la loi récente du 31 mars 1903 (art. 98), qui astreint les exploitants à produire au Ministre des travaux publics la liste annuelle des pensions créées en vertu du Titre IV de la loi du 29 juin 1894, frappe l'inobservation de cette simple formalité d'une peine véritablement exorbitante, qui peut atteindre, en cas de récidive, jusqu'à cinq ans d'emprisonnement. Une disproportion aussi flagrante entre l'infraction et la peine a sans doute échappé à l'attention du législateur qui l'a votée et la Commission ne pouvait passer outre au maintien d'une pareille anomalie.

Le Livre V ainsi codifié ne comprend pas moins de 235 articles, sans parler des rubriques qu'il ouvre à des législations attendues.

Il comprend déjà des dispositions législatives — si incomplètes ou si insuffisantes qu'elles soient — sur presque toutes les branches d'assurance ouvrière, et ce ne sera peut-être pour quelques-uns ni la moindre surprise ni le moindre profit d'un tel travail que cette manifestation, on pourrait presque dire cette révélation, de l'importance déjà prise par nos lois d'assurances sociales : il n'est pas téméraire de présumer que cette importance est demeurée jusqu'ici quelque peu méconnue, à raison même de la dispersion des textes dans des lois spéciales et de leur application, sans unité de principes ni de moyens, par des administrations différentes.

Leur groupement logique montrera tout ensemble ce qui a été fait et ce qui reste à faire à ce point de vue dans une démocratie qui s'affirme de jour en jour plus soucieuse de faire front aux détresses inévitables de la vie ouvrière en opposant à chaque risque social techniquement déterminable une assurance sociale légalement organisée.

Décembre 1905.

DIVISION DU LIVRE.

LIVRE V. — DES ASSURANCES OUVRIÈRES.

LIVRE V. — Des assurances ouvrières.

TEXTE CODIFIÉ.	LOIS EN VIGUEUR.	OBSERVATIONS.

TITRE Ier. — Des accidents de travail.

CHAPITRE Ier. — Dispositions générales.

Section Ire. — *Des accidents ouvrant droit à indemnité.*

TEXTE CODIFIÉ.	LOIS EN VIGUEUR.	OBSERVATIONS.
Art. 1er. — Les accidents survenus par le fait du travail, ou à l'occasion du travail, aux ouvriers et employés occupés dans l'industrie du bâtiment, les usines, manufactures, chantiers, les entreprises de transport par terre et par eau, de chargement et de déchargement, les magasins publics, mines, minières, carrières et, en outre, dans toute exploitation ou partie d'exploitation dans laquelle sont fabriquées ou mises en œuvre des matières explosives, ou dans laquelle il est fait usage d'une machine mue par une force autre que celle de l'homme ou des animaux, donnent droit au profit de la victime ou de ses représentants, à une indemnité à la charge du chef d'entreprise, à la condition que l'interruption de travail ait duré plus de quatre jours.	Loi du 9 avril 1898, article 1er, § 1.	
Art. 2. — Les ouvriers qui travaillent seuls d'ordinaire ne *peuvent être assujettis aux dispositions du présent chapitre* par le fait de la collaboration accidentelle d'un ou de plusieurs de leurs camarades.	Loi du 9 avril 1898, article 1er, § 2.	
Il n'est point dérogé aux lois, ordonnances et règlements concernant les pensions des ouvriers, apprentis et journaliers appartenant aux ateliers de la Marine et celles des ouvriers immatriculés des manufactures d'armes dépendant du Ministère de la guerre.	Loi du 9 avril 1898, article 32.	

Section II. — *Des indemnités.*

TEXTE CODIFIÉ.	LOIS EN VIGUEUR.	OBSERVATIONS.
Art. 3. — Dans les cas prévus *ci-dessus*, l'ouvrier ou l'employé a droit : Pour l'incapacité absolue et permanente, à une rente égale aux deux tiers de son salaire annuel ;	Loi du 9 avril 1898, article 3.	

TEXTE CODIFIÉ.	LOIS EN VIGUEUR.	OBSERVATIONS.

Pour l'incapacité partielle et permanente, à une rente égale à la moitié de la réduction que l'accident *a* fait subir au salaire ;

Pour l'incapacité temporaire, à une indemnité journalière égale à la moitié du salaire touché au moment de l'accident, si l'incapacité de travail a duré plus de quatre jours et à partir du cinquième jour.

Art. 4. — Lorsque l'accident est suivi de mort une pension est servie aux personnes ci-après désignées, à partir du décès, dans les conditions suivantes : *(Loi du 9 avril 1898, article 3.)*

A. Pour le conjoint survivant non divorcé ou séparé de corps, à la condition que le mariage ait été contracté antérieurement à l'accident, *une rente viagère égale à 20 p. 0/0 du salaire annuel de la victime.* En cas de nouveau mariage, le conjoint cesse d'avoir droit à *ladite* rente ; il lui *est* alloué ; dans ce cas, le triple de cette rente à titre d'indemnité totale.

B. Pour les enfants, légitimes ou naturels, reconnus avant l'accident, orphelins de père ou de mère, âgés de moins de seize ans, une rente calculée sur le salaire annuel de la victime à raison de 15 p. o/o de ce salaire, s'il n'y a qu'un enfant, de 25 p. o/o s'il y en a deux, de 35 p. o/o s'il y en a trois, et 40 p. o/o s'il y en a quatre ou un plus grand nombre.

Pour les enfants, orphelins de père et de mère, la rente est portée pour chacun d'eux à 20 p. o/o du salaire.

L'ensemble de ces rentes ne peut, dans le premier cas, dépasser 40 p. o/o du salaire ni 60 p. o/o dans le second.

C. Si la victime n'a ni conjoint ni enfant dans les termes des paragraphes A et B, chacun des ascendants et descendants qui était à sa charge *a droit à* une rente viagère pour les ascendants et payable jusqu'à 16 ans pour les descendants. Cette rente *est* égale à 10 p. o/o du salaire annuel de la victime, sans que le montant total des rentes ainsi allouées puisse dépasser 30 p. o/o.

Chacune des rentes prévues par le paragraphe C est, le cas échéant, réduite proportionnellement.

Art. 5. — Les ouvriers étrangers, victimes d'accidents, qui *cessent* de résider sur le territoire français *reçoivent*, pour toute indemnité, un capi- *(Loi du 9 avril 1898, article 3.)*

TEXTE CODIFIÉ.	LOIS EN VIGUEUR.	OBSERVATIONS.
tal égal à trois fois la rente qui leur avait été allouée.		
ART. 6. — Les représentants d'un ouvrier étranger ne *reçoivent* aucune indemnité si, au moment de l'accident, ils ne résidaient pas sur le territoire français.	Loi du 9 avril 1898, article 3.	
ART. 7. — Le salaire servant de base à la fixation des rentes s'entend, pour l'ouvrier occupé dans l'entreprise pendant les douze mois écoulés avant l'accident, de la rémunération effective qui lui a été allouée pendant ce temps, soit en argent, soit en nature. Pour les ouvriers occupés pendant moins de douze mois avant l'accident, il doit s'entendre de la rémunération effective qu'ils ont reçue depuis leur entrée dans l'entreprise, augmentée de la rénumération moyenne qu'ont reçue, pendant la période nécessaire pour compléter les douze mois, les ouvriers de la même catégorie. Si le travail n'est pas continu, le salaire annuel est calculé tant d'après la rémunération reçue pendant la période d'activité que d'après le gain de l'ouvrier pendant le reste de l'année.	Loi du 9 avril 1898, article 10.	
ART. 8. — *Les ouvriers et employés* dont le salaire annuel dépasse 2,400 francs ne bénéficient *des* dispositions *ci-dessus* que jusqu'à concurrence de cette somme. Pour le surplus, ils n'ont droit qu'au quart des rentes stipulées *aux articles 3 et 4* à moins de conventions contraires élevant le chiffre de la quotité.	Loi du 9 avril 1898, article 2, § 2.	
ART. 9. — Le salaire qui *sert* de base à la fixation de l'indemnité allouée à l'ouvrier âgé de moins de 16 ans ou à l'apprenti victime d'un accident *n'est* pas inférieur au salaire le plus bas des ouvriers valides de la même catégorie occupés dans l'entreprise. Toutefois, dans le cas d'incapacité temporaire, l'indemnité de l'ouvrier âgé de moins de 16 ans ne *peut* dépasser le montant de son salaire.	Loi du 9 avril 1898, article 8.	
ART. 10. — Aucune des indemnités *ci-dessus* déterminées ne peut être attribuée à la victime qui a intentionnellement provoqué l'accident.	Loi du 9 avril 1898, article 20.	

TEXTE CODIFIÉ.	LOIS EN VIGUEUR.	OBSERVATIONS.
Le tribunal a le droit, s'il est prouvé que l'accident est dû à une faute inexcusable de l'ouvrier de diminuer la *rente*. Lorsqu'il est prouvé que l'accident est dû à la faute inexcusable du patron ou de ceux qu'il s'est substitués dans la direction, l'indemnité *peut* être majorée, mais sans que la rente ou le total des rentes allouées puisse dépasser soit la *réduction*, soit le montant du salaire annuel.		
ART. 11. — Les parties peuvent toujours, après détermination du chiffre de l'indemnité due à la victime de l'accident, décider que le service de la *rente* sera suspendu et remplacé, tant que l'accord subsistera, par tout autre mode de réparation. Sauf dans le cas prévu à l'article 4, § A, *et à l'article 5* la *rente* ne *peut* être remplacée par le payement d'un capital que si elle n'est pas supérieure à 100 francs.	Loi du 9 avril 1898, article 21.	
ART. 12. — Lors du règlement définitif de la rente viagère, après le délai de revision prévu à l'article *33*, la victime peut demander que le quart au plus du capital nécessaire à l'établissement de cette rente, calculé d'après les tarifs dressés pour les victimes d'accidents par la Caisse des retraites pour la vieillesse, lui soit attribué en espèces. Elle peut aussi demander que ce capital, ou ce capital réduit du quart au plus comme il vient d'être dit, serve à constituer sur sa tête une rente viagère réversible, pour moitié au plus, sur la tête de son conjoint. Dans ce cas, la rente viagère *est* diminuée de façon qu'il ne résulte de la réversibilité aucune augmentation de charges pour le chef de l'entreprise. Le tribunal, en chambre du conseil, *statue* sur ces demandes.	Loi du 9 avril 1898, article 9.	
ART. 13. — Les rentes constituées en vertu *des dispositions du présent chapitre* sont payables par trimestres. Elles sont incessibles et insaisissables.	Loi du 9 avril 1898, article 3.	
ART. 14. — *Outre les indemnités prévues ci-dessus*, le chef d'entreprise supporte les frais médicaux et pharmaceutiques et les frais funéraires. Ces derniers sont évalués à la somme de 100 francs au maximum.	Loi du 9 avril 1898, article 4.	

TEXTE CODIFIÉ.	LOIS EN VIGUEUR.	OBSERVATIONS.
Quant aux frais médicaux et pharmaceutiques, si la victime a fait choix elle-même de son médecin, le chef d'entreprise ne peut être tenu que jusqu'à concurrence de la somme fixée par le juge de paix du canton, conformément aux tarifs adoptés dans chaque département pour l'assistance médicale gratuite. Art. 15. — Les chefs d'entreprise peuvent se décharger, pendant les trente, soixante ou quatre-vingt-dix premiers jours à partir de l'accident, de l'obligation de payer aux victimes les frais de maladie et l'indemnité temporaire, ou une partie seulement de cette indemnité, comme il est spécifié ci-après, s'ils justifient : 1° Qu'ils ont affilié leurs ouvriers à des sociétés de secours mutuels et pris à leur charge une quote-part de la cotisation *déterminée* d'un commun accord, et en se conformant aux statuts-types approuvés par le Ministre compétent, mais qui ne *doit* pas être inférieure au tiers de cette cotisation ; 2° Que ces sociétés assurent à leurs membres, en cas de blessures, pendant trente, soixante ou quatre-vingt-dix jours, les soins médicaux ou pharmaceutiques et une indemnité journalière. Si l'indemnité journalière servie par la société est inférieure à la moitié du salaire quotidien de la victime, le chef d'entreprise est tenu de lui verser la différence. Art. 16. — Les exploitants de mines, minières et carrières peuvent se décharger des frais et indemnités mentionnés à l'article précédent moyennant une subvention annuelle versée aux caisses ou sociétés de secours constituées dans ces entreprises en vertu de la *section II du titre III ci-après*. Le montant et les conditions de cette subvention *doivent* être acceptés par la Société et approuvés par le Ministre des travaux publics. Ces deux dispositions *sont* applicables à tous autres chefs d'industrie qui *ont* créé en faveur de leurs ouvriers des caisses particulières de secours en conformité de la *section II du titre III ci-après*. L'approbation prévue ci-dessus *est*, en ce qui les concerne, donnée par le Ministre du commerce et de l'industrie.	Loi du 9 avril 1898, article 5. Loi du 9 avril 1898, article 6.	

3.

TEXTE CODIFIÉ.	LOIS EN VIGUEUR.	OBSERVATIONS.
Art. 17. — Les ouvriers et employés désignés à l'article *1er ci-dessus* ne peuvent se prévaloir, à raison des accidents dont ils sont victimes dans leur travail, d'aucunes dispositions autres que celles *du présent chapitre à l'égard du chef d'entreprise ou de ses ouvriers et préposés.*	Loi du 9 avril 1898, article 2.	
Art. 18 — Indépendamment de l'action résultant *des dispositions du présent chapitre ils* conservent, contre *toute autre personne* auteur de l'accident, le droit de réclamer la réparation du préjudice causé, conformément aux règles du droit commun. L'indemnité qui leur *est* allouée *exonère* à due concurrence le chef de l'entreprise des obligations mises à sa charge. Dans le cas où l'accident a entraîné une incapacité permanente ou la mort, cette indemnité *doit* être attribuée sous forme de rentes servies par la Caisse nationale des retraites. En outre de cette allocation sous forme de rente, le tiers reconnu responsable *peut* être condamné, soit envers la victime, soit envers le chef d'entreprise, si celui-ci intervient dans l'instance, au payement des autres indemnités et frais prévus *au présent chapitre.* Cette action contre les tiers responsables *peut* même être exercée par le chef d'entreprise, à ses risques et périls, aux lieu et place de la victime ou de ses ayants droit, si ceux-ci négligent d'en faire usage.	Loi du 7 avril 1898, article 7.	

SECTION III. — *Des déclarations d'accidents et des enquêtes.*

TEXTE CODIFIÉ.	LOIS EN VIGUEUR.	OBSERVATIONS.
Art. 19. — Tout accident ayant occasionné une incapacité de travail doit être déclaré dans les quarante-huit heures, non compris les dimanches et jours fériés, par le chef d'entreprise ou ses préposés, au maire de la commune, qui en dresse procès-verbal et en délivre immédiatement récépissé. La déclaration et le procès-verbal doivent indiquer, dans la forme réglée par décret, les nom, qualité et adresse du chef d'entreprise, le lieu précis, l'heure et la nature de l'accident, les circonstances dans lesquelles il s'est produit, la nature des blessures, les noms et adresses des témoins. Dans les quatre jours qui suivent l'accident, si la victime n'a pas repris son travail, le chef d'entreprise doit déposer à la mairie, qui lui en délivre	Loi du 9 avril 1898, article 11.	

TEXTE CODIFIÉ.	LOIS EN VIGUEUR.	OBSERVATIONS.
immédiatement récépissé, un certificat de médecin indiquant l'état de la victime, les suites probables de l'accident et l'époque à laquelle il sera possible d'en connaître le résultat définitif. La déclaration d'accident *peut* être faite dans les mêmes conditions par la victime ou ses représentants jusqu'à l'expiration de l'année qui suit l'accident. Avis de l'accident, dans les formes réglées par décret, est donné immédiatement par le maire à l'inspecteur départemental du travail ou à l'ingénieur ordinaire des mines chargé de la surveillance de l'entreprise. ART. 20. — Dans les vingt-quatre heures qui suivent le dépôt du certificat, et au plus tard dans les cinq jours qui suivent la déclaration de l'accident, le maire transmet au juge de paix du canton où l'accident s'est produit la déclaration et soit le certificat médical, soit l'attestation qu'il n'a pas été produit de certificat. Lorsque, d'après le certificat médical, produit en exécution du paragraphe précédent ou transmis ultérieurement par la victime à la justice de paix, la blessure paraît devoir entraîner la mort ou une incapacité permanente, absolue ou partielle de travail, ou lorsque la victime est décédée, le juge de paix, dans les vingt-quatre heures, procède à une enquête à l'effet de rechercher : 1° La cause, la nature et les circonstances de l'accident ; 2° Les personnes victimes et le lieu où elles se trouvent, le lieu et la date de leur naissance ; 3° La nature des lésions ; 4° Les ayants droit pouvant, le cas échéant, prétendre à une indemnité, le lieu et la date de leur naissance ; 5° Le salaire quotidien et le salaire annuel des victimes ; 6° La société d'assurances à laquelle le chef d'entreprise était assuré ou le syndicat de garantie auquel il était affilié. ART. 21. — L'enquête a lieu contradictoirement dans les formes prescrites par les articles 35, 36, 37, 38 et 39 du Code de procédure civile, en présence des parties intéressées ou celles-ci convoquées d'urgence par lettre recommandée. Le juge de paix doit se transporter auprès de la victime de l'accident qui se trouve dans l'impossibilité d'assister à l'enquête.	Loi du 9 avril 1898, article 12. Loi du 9 avril 1898, article 13.	

TEXTE CODIFIÉ.	LOIS EN VIGUEUR.	OBSERVATIONS.
Lorsque le certificat médical ne lui *paraît* pas suffisant, le juge de paix *peut* désigner un médecin pour examiner le blessé. Il peut aussi commettre un expert pour l'assister dans l'enquête. Il n'y a pas lieu, toutefois, à nomination d'expert dans les entreprises administrativement surveillées, ni dans celles de l'État placées sous le contrôle d'un service distinct du service de gestion, ni dans les établissements nationaux où s'effectuent des travaux que la sécurité publique oblige à tenir secrets. Dans ces divers cas, les fonctionnaires chargés de la surveillance ou du contrôle de ces établissements ou entreprises et, en ce qui concerne les exploitations minières, les délégués à la sécurité des ouvriers mineurs, transmettent au juge de paix, pour être joint au procès-verbal d'enquête, un exemplaire de leur rapport.		
ART. 22. — Sauf les cas d'impossibilité matérielle dûment constatés dans le procès-verbal, l'enquête doit être close dans le plus bref délai et, au plus tard, dans les dix jours à partir de l'accident. Le juge de paix avertit, par lettre recommandée, les parties de la clôture de l'enquête et du dépôt de la minute au greffe, où elles *peuvent*, pendant un délai de cinq jours, en prendre connaissance et s'en faire délivrer une expédition, affranchie du timbre et de l'enregistrement. A l'expiration de ce délai de cinq jours, le dossier de l'enquête est transmis au président du tribunal civil de l'arrondissement.	Loi du 9 avril 1898, article 13.	

SECTION IV. — *De la Juridiction.*

§ I. — Procédure.

TEXTE CODIFIÉ.	LOIS EN VIGUEUR.	OBSERVATIONS.
ART. 23. — Les contestations entre les victimes d'accidents et les chefs d'entreprises, relatives aux frais funéraires, aux frais de maladie ou aux indemnités temporaires, sont jugées en dernier ressort par le juge de paix du canton où l'accident s'est produit, à quelque chiffre que la demande puisse s'élever.	Loi du 9 avril 1898, article 15.	
ART. 24. — En ce qui touche les autres indemnités prévues *au présent chapitre*, le président du tribunal de l'arrondissement convoque, dans les	Loi du 9 avril 1898, article 16, § 1.	

TEXTE CODIFIÉ.	LOIS EN VIGUEUR.	OBSERVATIONS.
cinq jours à partir de la transmission du dossier, la victime ou ses ayants droit et le chef d'entreprise, qui peut se faire représenter.		
Art. 25. — S'il y a accord des parties intéressées, l'indemnité est définitivement fixée par l'ordonnance du président, qui donne acte de cet accord.	Loi du 9 avril 1898, article 16, § 2.	
Art. 26. — Si l'accord n'a pas lieu, l'affaire est renvoyée devant le tribunal, qui statue comme en matière sommaire, conformément au titre XXIV du livre II du Code de procédure civile.	Loi du 9 avril 1898, article 16, § 3.	
Art. 27. — Si la cause n'est pas en état, le tribunal surseoit à statuer et l'indemnité temporaire *continue à être servie* jusqu'à la décision définitive. Le tribunal *peut* condamner le chef d'entreprise à payer une provision; sa décision sur ce point *est exécutoire* nonobstant appel.	Loi du 9 avril 1898, article 16, § 4 et 5.	
Art. 28. — Les jugements rendus en vertu *des dispositions du présent chapitre* sont susceptibles d'appel selon les règles du droit commun. Toutefois, l'appel, sous réserve des dispositions de l'art. 449 du Code de procédure civile, *doit être* interjeté dans les trente jours de la date du jugement, s'il est contradictoire, et, s'il est par défaut, dans la quinzaine à partir du jour où l'opposition *n'est* plus recevable. L'opposition *n'est* plus recevable, en cas de jugement par défaut contre partie, lorsque le jugement *a été signifié à personne*, passé le délai de quinze jour à partir de cette signification.	Loi du 9 avril 1898, article 17, § 1 et 2.	
Art. 29. — La cour *statue* d'urgence dans le mois de l'acte d'appel. Les parties *peuvent* se pourvoir en cassation.	Loi du 9 avril 1898, article 17, § 3.	
Art. 30. — Toutes les fois qu'une expertise médicale *est* ordonnée soit par le juge de paix, soit par le tribunal ou par la cour d'appel, l'expert ne *peut* être le médecin qui a soigné le blessé, ni un médecin attaché à l'entreprise ou à la société d'assurance à laquelle le chef d'entreprise est affilié.	Loi du 9 avril 1898, article 17, § 4.	

TEXTE CODIFIÉ.	LOIS EN VIGUEUR.	OBSERVATIONS.
Art. 31. — L'article 55 de la loi du 10 août 1871 et l'article 124 de la loi du 5 avril 1884 ne sont pas applicables aux instances suivies contre les départements ou les communes, en exécution *des dispositions du présent chapitre.*	Loi du 9 avril 1898, article 18, § 2.	
Art. 32. — En cas de poursuites criminelles, les pièces de procédure *sont* communiquées à la victime ou à ses ayants droit. Le même droit *appartient* au patron ou à ses ayants droit.	Loi du 9 avril 1898, article 20, § 4 et 5.	
Art. 33. — Les procès-verbaux, certificats, actes de notoriété, significations, jugements et autres actes faits ou rendus en vertu et pour l'exécution *des dispositions contenues dans le présent chapitre* sont délivrés gratuitement, visés pour timbre et enregistrés gratis lorsqu'il y a lieu à la formalité de l'enregistrement. *Toutefois,* pour les délivrances d'actes susvisés les greffiers et les officiers ministériels ont droit à un émolument. Des règlements d'administration publique déterminent : 1° les frais de transport des juges de paix ; 2° les émoluments des greffiers de justice de paix pour leur assistance et la rédaction des actes de notoriété, procès-verbaux, certificats, significations, jugements, envois de lettres recommandées, extraits, dépôts de la minute d'enquête au greffe, et pour tous les actes nécessités par l'application *des dispositions du présent chapitre,* ainsi que les frais de transport auprès des victimes et d'enquête sur place. Les allocations tarifées pour le juge de paix et son greffier *sont* avancées par le Trésor. En cas de conciliation et sur le vu de l'ordonnance du président du tribunal, le greffier délivre à l'administration de l'enregistrement et des domaines contre l'adversaire de l'assisté, sur état taxé par le président du tribunal, un exécutoire de dépens qui comprend les avances faites par le Trésor, ainsi que les droits, frais, et émoluments dus aux greffiers et aux officiers ministériels à l'occasion de l'enquête préalable et de la conciliation.	Loi du 9 avril 1898, articles 12 et 29. Loi de finances du 13 avril 1900, article 31.	

§ II. — Prescription et revision.

TEXTE CODIFIÉ.	LOIS EN VIGUEUR.	OBSERVATIONS.
Art. 34. — L'action en indemnité prévue au *présent chapitre* se prescrit par un an à dater du jour de l'accident ou de la clôture de l'enquête du	Loi du 9 avril 1898, article 18, § 1.	

TEXTE CODIFIÉ.	LOIS EN VIGUEUR.	OBSERVATIONS.
juge de paix, ou de la cessation du payement de l'indemnité temporaire. ART. 35. — La demande en revision de l'indemnité fondée sur une aggravation ou une atténuation de l'infirmité de la victime ou son décès par suite des conséquences de l'accident, est ouverte pendant trois ans à dater de l'accord intervenu entre les parties ou de la décision définitive.	Loi du 9 avril 1898, article 19, § 1.	Suppression du paragraphe 2, sans application.

§ III. — Assistance judiciaire.

TEXTE CODIFIÉ.	LOIS EN VIGUEUR.	OBSERVATIONS.
ART. 36. — Le bénéfice de l'assistance judiciaire est accordé de plein droit, sur le visa du procureur de la République, à la victime de l'accident ou à ses ayants droit devant le président du tribunal civil et devant le tribunal. Le procureur de la République procède comme il est prescrit à l'article 13 (paragraphes 2 et suivants) de la loi du 22 janvier 1851, modifiée par la loi du 10 juillet 1901.	Loi du 9 avril 1898, article 22, § 1 et 2.	
ART. 37. — Le bénéfice de l'assistance judiciaire s'applique de plein droit à l'acte d'appel. Le premier président de la cour, sur la demande qui lui *est* adressée à cet effet, *désigne* l'avoué près la cour dont la constitution *doit figurer* dans l'acte d'appel et *commet* un huissier pour le signifier. Si la victime de l'accident se pourvoit devant le bureau d'assistance judiciaire pour en obtenir le bénéfice en vue de toute la procédure d'appel, elle *est* dispensée de fournir les pièces justificatives de son indigence.	Loi du 9 avril 1898, article 22, § 3 et 4.	
ART. 38. — Le bénéfice de l'assistance judiciaire s'étend de plein droit aux instances devant le juge de paix, à tous les actes d'exécution mobilière et immobilière et à toute contestation incidente à l'exécution des décisions judiciaires. L'assisté *doit* faire déterminer par le bureau d'assistance judiciaire de son domicile la nature des actes et procédure d'exécution auxquels l'assistance *s'applique*.	Loi du 9 avril 1898, article 22, § 5 et 6.	

SECTION V. — *De la garantie.*

TEXTE CODIFIÉ.	LOIS EN VIGUEUR.	OBSERVATIONS.
ART. 39. — La créance de la victime de l'accident ou de ses ayants droit relative aux frais	Loi du 9 avril 1898, article 23, § 1.	

TEXTE CODIFIÉ	LOIS EN VIGUEUR.	OBSERVATIONS.
médicaux, pharmaceutiques et funéraires, ainsi qu'aux indemnités allouées à la suite de l'incapacité temporaire de travail, est garantie par le privilège de l'article 2101 du Code civil (n° 8).		
Art. 40. — Le payement des indemnités pour incapacité permanente de travail ou accidents suivis de mort est garanti conformément aux dispositions des articles suivants.	Loi du 9 avril 1898, article 28, § 2;	
Art. 41. — A défaut, soit par les chefs d'entreprise débiteurs, soit par les sociétés d'assurances à primes fixes ou mutuelles, ou les syndicats de garantie liant solidairement tous leurs adhérents, de s'acquitter, au moment de leur exigibilité, des indemnités mises à leur charge à la suite d'accidents ayant entraîné la mort ou une incapacité permanente de travail, le payement en *est* assuré aux intéressés par les soins de la Caisse nationale des retraites pour la vieillesse, au moyen d'un fonds spécial de garantie constitué comme il va être dit et dont la gestion *est* confiée à ladite Caisse.	Loi du 9 avril 1898, article 24;	
Art. 42. — Pour la constitution du fonds spécial de garantie, il *est* ajouté au principal de la contribution des patentes des industriels visés par l'article 1er quatre centimes (0 fr. 04) additionnels. Il *est* perçu sur les mines une taxe de cinq centimes (0 fr. 05) par hectare concédé. (Ces taxes pourront, suivant les besoins, être majorées ou réduites par la loi de finances.		
Art. 43. — Pour l'application de l'article précédent [illegible]	[illegible]	
Art. 44. — La Caisse nationale de retraites aura un recours contre les chefs d'entreprise débiteurs, pour le compte desquels des [illegible] [illegible] [illegible]		

TEXTE CODIFIÉ.	LOIS EN VIGUEUR.	OBSERVATIONS.
privilège de l'article 2102 du Code civil sur l'indemnité due par l'assureur et *n'a plus de recours* contre le chef d'entreprise. Un règlement d'administration publique *détermine* les conditions d'organisation et de fonctionnement du service conféré par les dispositions précédentes à la Caisse nationale des retraites et, notamment, les formes du recours à exercer contre les chefs d'entreprise débiteurs ou les sociétés d'assurances et les syndicats de garantie, ainsi que les conditions dans lesquelles les victimes d'accidents ou leurs ayants droit *sont* admis à réclamer à la Caisse le payement de leurs indemnités. Les décisions judiciaires *n'emportent* hypothèque que si elles sont rendues au profit de la Caisse des retraites exerçant son recours contre les chefs d'entreprise ou les compagnies d'assurances.		
ART. 45. — Les compagnies d'assurances mutuelles ou à primes fixes contre les accidents, françaises ou étrangères, sont soumises à la surveillance et au contrôle de l'État et astreintes à constituer des réserves ou cautionnements dans les conditions déterminées par un règlement d'administration publique. Le montant des réserves ou cautionnements *est* affecté par privilège au payement des pensions et indemnités. Les syndicats de garantie *sont* soumis à la même surveillance et un règlement d'administration publique *détermine* les conditions de leur création et de leur fonctionnement. Les frais de toute nature résultant de la surveillance et du contrôle *sont* couverts au moyen de contributions proportionnelles au montant des réserves ou cautionnements, et fixés annuellement, pour chaque compagnie ou association, par arrêté du Ministre du commerce.	Loi du 9 avril 1898, article 27.	
ART. 46. — Le versement du capital représentatif des pensions allouées *en vertu des dispositions contenues dans le présent chapitre,* ne peut être exigé des débiteurs. Toutefois, les débiteurs qui *désirent* se libérer en une fois *peuvent* verser le capital représentatif de ces pensions à la Caisse nationale des retraites, qui *établit* à cet effet un tarif tenant compte de la mortalité des victimes d'accidents et de leurs ayants droit.	Loi du 9 avril 1898, article 28, § 1 et 2.	Suppression d'une disposition transitoire.

TEXTE CODIFIÉ.	LOIS EN VIGUEUR.	OBSERVATIONS.
ART. 47. — Lorsqu'un chef d'entreprise cesse son industrie, soit volontairement, soit par décès, liquidation judiciaire ou faillite, soit par cession d'établissement, le capital représentatif des pensions à sa charge devient exigible de plein droit et *doit* être versé à la Caisse nationale des retraites. Ce capital *est* déterminé, au jour de son exigibilité, d'après le tarif visé à *l'article* précédent. Toutefois, le chef d'entreprise ou ses ayants droit peuvent être exonérés du versement de ce capital, s'ils fournissent des garanties *déterminées* par un règlement d'administration publique.	Loi du 9 avril 1898, article 28, § 3 et 4.	

SECTION VI. — *Dispositions diverses.*

ART. 48. — Toute convention contraire *aux dispositions du présent chapitre* est nulle de plein droit.	Loi du 9 avril 1898, article 30.	
ART. 49. — Les chefs d'entreprise *visés au présent chapitre* sont tenus de *l'affichage prescrit par l'article 63 du livre II.*	Loi du 9 avril 1898, article 31.	Modification corrélative à celle qui a été proposée à l'article 63 du livre II.

CHAPITRE II. — DISPOSITIONS SPÉCIALES À L'AGRICULTURE.

ART. 50. — Les accidents occasionnés par l'emploi de machines agricoles mues par des moteurs inanimés et dont sont victimes, par le fait ou à l'occasion du travail, les personnes quelles qu'elles soient, occupées à la conduite ou au service de ces moteurs ou machines, sont à la charge de l'exploitant dudit moteur *dans les conditions déterminées au chapitre précédent.*	Loi du 30 juin 1899, § 1er.	
ART. 51. — Est considéré comme exploitant, l'individu ou la collectivité qui dirige le moteur ou le fait diriger par ses préposés.	Loi du 30 juin 1899, § 2.	
ART. 52. — Si la victime n'est pas salariée ou n'a pas un salaire fixe, l'indemnité due est calculée selon les tarifs *du chapitre précédent* d'après le salaire moyen des ouvriers agricoles de la commune.	Loi du 30 juin 1899, § 3.	
ART. 53. — En dehors du cas *prévu à l'article 50, les dispositions du chapitre précédent* ne sont pas applicables à l'agriculture.	Loi du 30 juin 1899, § 4.	

TEXTE CODIFIÉ.	LOIS EN VIGUEUR.	OBSERVATIONS.

CHAPITRE III. — Dispositions spéciales à la marine marchande.

Section 1. — *Des indemnités.*

Art. 54. — *Indépendamment des dispositions contenues dans les articles 262 et suivants du Code de commerce et dans la législation spéciale sur les invalides de la marine,* les inscrits maritimes qui sont atteints de *blessures* ayant leur cause directe dans un *accident* survenu pendant la durée de leur dernier embarquement sur un navire français et les mettant dans l'impossibilité absolue et définitive de continuer la navigation, ont droit à une pension viagère dite demi-solde d'infirmité, fixée conformément au tarif *ci-après :*	Loi du 21 avril 1898, article 5.

DÉSIGNATION.	PENSION DES INSCRITS (art. 54) en cas de		PENSION DES VEUVES ou secours annuels aux orphelins (art. 55 et 56) en cas de		SECOURS ANNUEL aux ascendants (art. 58) en cas de		SUPPLÉ- MENT ANNUEL pour enfant âgé de moins de dix ans (art. 57).
	non cumul.	cumul.	non cumul.	cumul.	non cumul.	cumul.	
	francs.	francs.	francs.	francs.	francs.	francs.	francs.
Capitaines au long cours, mécaniciens de 1re et de 2e classe dirigeant pendant leur dernier embarquement une machine d'une force nominale de 3oo chevaux au moins.............	300	150	250	125	125	62 50	36
Inscrits maritimes titulaires du brevet de pilote d'une station de mer, de patron breveté pour la pêche d'Islande, de maître au cabotage, de mécanicien de 1re ou de 2e classe	270	135	220	110	110	55 00	24
Inscrits maritimes non titulaires de l'un des brevets ci-dessus et embarqués en dernier lieu comme officiers au long cours au cabotage ou à la grande pêche, ou comme patrons d'embarcations exerçant la petite pêche au large.........	240	120	200	100	100	50 00	24
Inscrits maritimes ne se trouvant dans aucune des catégories ci-dessus...	204	102	192	96	96	48 00	24

Si l'impossibilité de continuer la navigation n'est pas définitive, ils reçoivent une indemnité temporaire ou renouvelable calculée d'après le taux annuel prévu *au tarif ci-dessus :*	
Art. 55. — Ont également droit à une pension fixée conformément au tarif susvisé les veuves	Loi du 21 avril 1898, article 6.

TEXTE CODIFIÉ.	LOIS EN VIGUEUR.	OBSERVATIONS.

des inscrits maritimes qui sont tués ou périssent par suite des causes et dans les conditions prévues à l'article 54, ou qui meurent des conséquences des *blessures* énoncées audit article, pourvu que le mariage soit antérieur à l'origine desdites *blessures*.

Si la femme titulaire de la pension instituée par le présent article se remarie et redevient veuve, elle ne peut prétendre, du chef de son second mari, à une deuxième pension de même nature que la première, à moins qu'elle ne renonce à celle dont elle jouissait déjà.

Ont droit à la même pension les veuves de marins morts en possession d'une des pensions déterminées par l'article 54, si le mariage est antérieur à *l'accident* qui a déterminé l'octroi de cette pension.

La pension n'est jamais acquise à la femme divorcée ou contre laquelle a été prononcée la séparation de corps.

Art. 56. — Après le décès du père et de la mère ou lorsque la mère veuve se trouve, conformément au dernier paragraphe de l'article 55, déchue de ses droits à la pension, les orphelins des inscrits décédés dans les conditions susdéfinies ou en possession d'une demi-solde d'infirmité, reçoivent, quel que soit leur nombre, et jusqu'à ce que le plus jeune ait accompli l'âge de 16 ans, un secours annuel unique de taux égal à celui de la pension que leur mère avait ou aurait obtenue.

Est également, et dans les mêmes conditions, dévolue, comme secours annuel, aux orphelins du père, la pension de veuve demeurée libre par suite de l'option exercée conformément au paragraphe 2 de l'article précédent. Toutefois, les arrérages du secours annuel sont, dans ce cas, payables à la mère tutrice des orphelins.

Les enfants naturels reconnus avant l'origine de la *blessure* d'où procède le droit participent au secours dans la même mesure que les enfants légitimes.

A mesure que les aînés atteignent l'âge de 16 ans, leur part est reversée sur les plus jeunes.

En cas de coexistence d'orphelins de différents lits, venant en concurrence entre eux ou avec la veuve, la division du secours a lieu comme en matière de demi-solde, sous la réserve de la disposition énoncée au deuxième paragraphe du présent article.

Loi du 21 avril 1898, article 7. (en regard de l'Art. 56)

TEXTE CODIFIÉ.	LOIS EN VIGUEUR.	OBSERVATIONS.
Art. 57. — Il est alloué aux inscrits et aux veuves titulaires des pensions et indemnités accordées en vertu des articles 54 et 55 ci-dessus pour chacun de leurs enfants âgés de moins de dix ans, un supplément annuel déterminé par le tarif *de l'article 54*, à moins que, se trouvant en possession d'une demi-solde ou d'une pension dérivée de la demi-solde, ils ne reçoivent déjà ce supplément.	Loi du 21 avril 1898, article 8.	
Art. 58. — Lorsque les inscrits maritimes visés à l'article 54 ne laissent après eux ni veuves ni orphelins, un secours annuel et viager dont le taux est déterminé par le tarif *de l'article 54* est accordé à chacun de leurs ascendants au premier degré. En cas de prédécès de l'un des ascendants ou de décès consécutif des deux ascendants au premier degré, le secours qui aurait été ou a été attribué à chacun des ascendants décédés est reporté sur les ascendants de degrés supérieurs de la même branche, s'il en existe; il est partagé également entre ces derniers, avec réversion sur le ou les survivants. Les secours déterminés par le présent article en sont payés qu'aux ascendants âgés d'au moins soixante ans et qui auraient eu droit à une pension alimentaire. En outre, le même ascendant ne peut être titulaire de plus d'un des secours accordés en vertu du présent article.	Loi du 21 avril 1898, article 9.	
Art. 59. — Les pensions et allocations accordées en vertu des articles précédents sont réduites de moitié si les ayants droit jouissent déjà soit d'une pension militaire ou civile ou d'un secours d'orphelins payé sur les fonds de l'État, soit d'une demi-solde ou d'une pension de secours d'orphelins dérivée de la demi-solde.	Loi du 21 avril 1898, article 10.	
Art. 60. — Les dispositions ci-dessus ne font pas obstacle à ce que l'inscrit, ses ayants cause ou la caisse nationale de prévoyance subrogée à leurs droits demandent directement, suivant les principes et règles du droit commun, des indemnités aux personnes responsables des faits intentionnels ou fautes lourdes ayant déterminé la réalisation des *accidents* dont lesdits inscrits *ont* été victimes. Les indemnités qui, dans ce cas, *ont* été consenties par les intéressés ou imposées par les tribunaux compétents *viennent* en déduction des sommes à payer en vertu *des dispositions du présent chapitre*.	Loi du 21 avril 1898, article 11.	

TEXTE CODIFIÉ.	LOIS EN VIGUEUR.	OBSERVATIONS.
Art. 61. — Les pensions et autres allocations accordées en vertu *des dispositions du présent chapitre* sont incessibles et insaisissables. Elles prennent cours : Pour les inscrits, du jour où ils ont cessé de recevoir leurs salaires, conformément à l'article 262 du code de commerce ; Pour les veuves, les orphelins et les ascendants, du jour du décès qui y ouvre des droits ou, en cas de disparition à la mer, du jour des dernières nouvelles.	Loi du 21 avril 1898, article 12.	
Art. 62. — La demi-solde d'infirmité est rayée si, à quelque époque que ce soit, le titulaire embarque à titre professionnel sur un navire ou bateau de commerce ou de pêche, ou sur un bâtiment de plaisance pourvu d'un rôle d'équipage.	Loi du 21 avril 1898, article 13.	
Art. 63. — Pour faire valoir ses titres à l'une des allocations prévues dans l'article *54*, l'inscrit doit, sous peine de déchéance, adresser au commissaire de l'inscription maritime, dans le délai de deux mois qui suit son débarquement ou son retour en France, s'il est débarqué à l'étranger ou aux colonies, une demande écrite ou verbale dont il lui est donné récépissé. La même demande, dont il est également donné récépissé, doit, sous peine de déchéance, être adressée dans le délai d'un an, à partir du jour de la mort de l'inscrit, ou dans le délai de deux ans à partir du jour de ses dernières nouvelles, s'il a disparu en mer, par les veuves, orphelins, ascendants ou tuteurs qui invoquent le bénéfice des articles *55 à 59*. Dans le cas de disparition, la demande est instruite dès la décision du Ministre de la marine établissant la disparition du marin ou la perte corps et biens du bâtiment ou de l'embarcation qu'il montait. Un règlement d'administration publique *détermine* les justifications à produire pour l'établissement du droit, ainsi que les délais dans lesquels ces justifications *doivent* être présentées. En ce qui concerne la demi-solde d'infirmité, l'instruction *comporte* la visite par la commission spéciale instituée par l'article 1ᵉʳ de la loi du 11 avril 1881 et la constatation par cette commission que l'état de l'impétrant provient des causes et produit les conséquences spécifiées à l'article *54*.	Loi du 21 avril 1898, article 21.	

TEXTE CODIFIÉ.	LOIS EN VIGUEUR.	OBSERVATIONS.
Art. 64. — Les demi-soldes d'infirmité, les pensions de veuves et les secours aux orphelins ou ascendants qui en dérivent sont accordés suivant la procédure en vigueur pour la concession de la demi-solde. L'indemnité temporaire est accordée par décision du Ministre, après enquête administrative et pour une durée qui ne *peut* excéder six mois. Au delà de ce terme, elle peut, sur avis conforme de la commission de visite instituée par l'article 1er de la loi du 11 avril 1881, être transformée, par décision du Ministre, en une indemnité renouvelable de six mois en six mois, chaque renouvellement ayant lieu après enquête. Au bout de trois années à partir de la décision ministérielle spécifiée au précédent paragraphe, cette indemnité renouvelable est supprimée ou convertie, après une nouvelle visite, en demi-solde d'infirmité, conformément à l'article précédent.	Loi du 21 avril 1898, article 23.	
Art. 65. — Il est tenu à l'administration centrale de l'établissement des Invalides un grand-livre sur lequel sont enregistrés les pensions et secours annuels au fur et à mesure de leur constitution. Un certificat d'inscription formant titre est délivré à l'ayant droit.	Loi du 21 avril 1898, article 24.	
Art. 66. — Les arrérages des pensions viagères et des secours annuels *prévus au présent chapitre* sont payés par trimestre sur la production d'un certificat de vie.	Loi du 21 avril 1898, article 25.	
Art. 67. — Les pensions et secours annuels sont rayés du grand-livre après trois ans de non-réclamation des arrérages, sans que leur rétablissement donne lieu à aucun rappel d'arrérages antérieurs à la réclamation. La même déchéance est applicable aux héritiers ou ayants cause des pensionnaires qui *n'ont pas* produit les justifications de leurs droits dans les trois ans qui *suivent* la date du décès de leur auteur. Les arrérages de pension non payés, mais réclamés dans les trois ans qui ont suivi le décès du pensionnaire, ne sont plus passibles que de la prescription quinquennale.	Loi du 21 avril 1898, article 26.	
Art. 68. — Les actes de l'état civil, les certificats de notoriété et autres pièces relatives à l'exécution *des dispositions du présent chapitre* sont délivrés gratuitement par les maires ou par les syndics des gens de mer, et dispensés des droits de timbre et d'enregistrement.	Loi du 21 avril 1898, article 27.	

TEXTE CODIFIÉ.	LOIS EN VIGUEUR.	OBSERVATIONS.
ART. 69. — Les règles en vigueur en ce qui concerne la liquidation et le payement des pensions dites de demi-solde sont applicables aux pensions et secours annuels concédés *en vertu des dispositions du présent chapitre* pour tout ce qui n'est pas spécifié *audit chapitre*.	Loi du 21 avril 1898, article 28.	

SECTION II. — *Des cotisations.*

ART. 70. — Les cotisations à verser par les inscrits maritimes à *la Caisse de prévoyance visée à l'article 75 ci-après* sont fixées à la moitié des taxes perçues sur leurs gains et salaires en faveur de la Caisse des Invalides de la marine, sans toutefois que ces cotisations puissent excéder deux francs par mois pour les inscrits appartenant aux deux dernières catégories du tarif *de l'article 54*.	Loi du 21 avril 1898, article 3.	
ART. 71. — Les propriétaires ou armateurs de bateaux armés pour le long cours, le cabotage, la grande et la petite pêche, le pilotage et le bornage, ainsi que les propriétaires de bâtiments de plaisance munis de rôle d'équipage, sont assujettis au versement d'une cotisation égale au montant de celle acquittée par leurs équipages.	Loi du 21 avril 1898, article 4, § 1er.	
ART. 72. — Par exception, les patrons propriétaires de bateaux se livrant à la petite pêche, au pilotage et au bornage, qui montent eux-mêmes lesdits bateaux, ne *sont* astreints qu'à leur cotisation individuelle d'inscrits.	Loi du 21 avril 1898, article 4, § 2, 3 et 4. Loi du 30 mars 1902, article 81.	
ART. 73. — Le montant des retenues opérées, en vertu de la loi *du 7 avril 1902*, sur les primes à la navigation et à la construction, pour allocation de secours aux marins français victimes de naufrages et autres accidents ou à leurs familles, qui est attribué à la Caisse de prévoyance des marins, *vient en déduction* du produit des cotisations individuelles prévues *aux trois articles précédents*. Un décret, rendu sur avis conforme du Conseil d'administration de la Caisse de prévoyance, *fixe* la quotité des réductions proportionnelles à appliquer aux cotisations individuelles.	Loi du 30 mars 1902, article 81.	
ART. 74. — Le calcul des cotisations à percevoir en conformité des articles *précédents* a pour base les	Loi du 21 avril 1898, article 20.	

TEXTE CODIFIÉ.	LOIS EN VIGUEUR.	OBSERVATIONS.

rôles de désarmement des navires et embarcations dressés par l'administration de la marine.

La réglementation relative au recouvrement des droits dus à la Caisse des Invalides de la marine est appliquée pour la perception des cotisations.

SECTION III. — *Du fonctionnement de la Caisse de prévoyance.*

ART. 75. — Il est créé au profit des marins français une Caisse nationale de prévoyance contre les risques et accidents de leur profession, annexée à la Caisse des invalides, mais ayant son existence indépendante.

Loi du 21 avril 1898, article 1er.

Font obligatoirement et exclusivement partie de cet établissement tous les inscrits maritimes à partir de l'âge de dix ans.

ART. 76. — La Caisse est revêtue de la personnalité civile.

Loi du 21 avril 1898, article 2.

Elle est alimentée :

1° Par la cotisation des participants ;

2° Par les apports des propriétaires ou armateurs de navires ou bateaux

3° Par les dons ou legs des particuliers et par les subsides éventuels des départements, des communes, des établissements publics et des associations ;

4° Lorsqu'il y a lieu, par des avances de l'État non productives d'intérêts, fixées conformément aux dispositions de l'article 77.

Les dons, legs et subsides peuvent être acceptés alors même qu'ils ont pour affectation spéciale la concession d'indemnités, secours ou pensions supplémentaires dans des cas déterminés ou au profit de régions expressément désignées.

ART. 77. — Le payement des pensions, secours et indemnités à la charge de la caisse de prévoyance est garanti au moyen de la constitution annuelle du capital présumé nécessaire pour servir, jusqu'à leur extinction, les allocations accordées en vertu *des dispositions du présent chapitre* pendant l'année écoulée.

Loi du 21 avril 1898, article 14.

Ce capital est calculé en appliquant au montant des pensions et secours concédés pendant l'année les règles suivies par la Caisse nationale des retraites, et en ajoutant au produit ainsi obtenu la somme des indemnités allouées et des frais d'administration dépensés pendant ladite année.

TEXTE CODIFIÉ.	LOIS EN VIGUEUR.	OBSERVATIONS.
Il est réalisé dans la caisse de l'institution au moyen : 1° Des trois premières espèces de recettes prévues à l'article *76* et afférentes à l'année, à l'exclusion toutefois des dons, legs et subsides ayant une affectation spéciale et supplémentaire; 2° S'il y a lieu, d'un prélèvement sur le fonds de réserve constitué en vertu de l'article *suivant;* 3° En cas d'insuffisance de ces ressources, d'avances remboursables de l'État égales au déficit.		
Art. 78. — Lorsque le produit des ressources ordinaires de la caisse dépasse le chiffre du capital nécessaire, l'excédent constitue une réserve destinée à couvrir, jusqu'à due concurrence, les déficits qui pourraient se produire ultérieurement et à rembourser les avances de l'État. Lorsque le montant de cette réserve vient à atteindre un million et demi de francs (1,500,000ᶠ) net, la cotisation à verser par les inscrits maritimes, en vertu de l'article *70*, peut être réduite dans la proportion nécessaire pour ne pas augmenter la réserve au delà de ce chiffre. Les versements à effectuer par les propriétaires ou armateurs de bâtiments et patrons propriétaires de bateaux, en exécution de l'article *71*, sont réduits dans la même proportion. Si le fonds de réserve vient à tomber au-dessous de cinq cent mille francs (500,000 fr.) les contributions énumérées au précédent paragraphe sont relevées dans une proportion commune en vue de ramener ce fonds à son maximum.	Loi du 21 avril 1898, article 15.	
Art. 79. — Si le produit des ressources énumérées aux alinéas numérotés 1° et 2° de l'article *77* ne suffisent pas pour constituer le capital nécessaire et que l'État soit obligé de parfaire le déficit au moyen d'avances, ces avances *doivent*, préalablement à toute réduction des cotisations et des versements des participants, être remboursées à l'État, lorsque les recettes *viennent* à l'emporter sur les charges. En cas de succession de déficits annuels ayant entraîné des avances de l'État, le taux des cotisations ou versements *peut* être momentanément relevé dans la proportion nécessaire pour mettre la caisse à même d'équilibrer ses recettes et ses	Loi du 21 mars 1898, article 16.	

TEXTE CODIFIÉ.	LOIS EN VIGUEUR.	OBSERVATIONS.
charges, sans que toutefois ce relèvement puisse excéder un tiers des contributions exigées des participants en conformité des articles *70*, *71* et *72*.		
ART. 80. — Le taux des réductions et des relèvements des cotisations ou versements prévus aux articles *78* et *79* de même que le montant des remboursements à l'État sont fixés par décrets rendus sur la proposition des ministres de la marine et des finances, sur avis conforme du conseil d'administration institué par l'article *82*. Les modifications de taux sont applicables à partir du 1er janvier de l'année qui suit le décret qui les prononce.	Loi du 21 avril 1898, article 17.	
ART. 81. — Le ministre de la marine est chargé de la gestion de la Caisse de prévoyance, avec le concours des fonctionnaires et agents ayant l'administration et la gestion de la Caisse des invalides de la marine. Le contrôle financier de l'institution appartient à la commission supérieure de l'établissement des invalides.	Loi du 21 avril 1898, article 18.	
ART. 82. — Il est créé au ministère de la marine un Conseil d'administration spécial de la Caisse de prévoyance. Ce conseil est composé : 1° Des membres titulaires de la commission supérieure des invalides ; 2° D'un nombre d'inscrits maritimes et d'armateurs égal à celui des membres de la commission précitée, pris par moitié dans chacune de ces deux catégories et nommés, par décret, pour une durée de trois ans. Il est spécialement consulté sur l'emploi et le placement des fonds de la Caisse et donne son avis sur les questions et projets relatifs à l'organisation et à la réglementation de l'institution.	Loi du 21 avril 1898, article 19.	
ART. 83. — Les fonds de la Caisse de prévoyance sont employés en rentes sur l'État, en valeurs du Trésor et en obligations garanties par l'État.	Loi du 21 avril 1898, article 23.	
ART. 84. — La Caisse de prévoyance supporte les dépenses spéciales d'administration qu'entraîne son fonctionnement.	Loi du 21 avril 1898, article 29.	

TEXTE CODIFIÉ.	LOIS EN VIGUEUR.	OBSERVATIONS.
CHAPITRE IV. — ASSURANCES PAR L'ÉTAT. *SECTION 1. — Assurances contre les accidents de travail en général.* ART. 85. — Il est créé, sous la garantie de l'État une caisse d'assurance en cas d'accidents, ayant pour objet de servir des pensions viagères aux personnes assurées qui, dans l'exécution de travaux agricoles ou industriels, *sont atteintes de blessures entraînant une incapacité permanente de travail*, et de donner des secours aux veuves et aux enfants mineurs des personnes assurées qui *ont péri par suite d'accidents survenus dans l'exécution desdits travaux.*	Loi du 11 juillet 1868, article 1er, §§ 1 et 3.	
ART. 86. — Nul ne peut s'assurer s'il n'est âgé de douze ans au moins.	Loi du 11 juillet 1868, article 14.	
ART. 87. — Les assurances en cas d'accidents ont lieu par année. L'assuré verse, à son choix et pour chaque année, huit francs, cinq francs ou trois francs.	Loi du 11 juillet 1868, article 8.	
ART. 88. — Les ressources de la Caisse en cas d'accidents se composent : 1° Du montant des cotisations versées par les assurés, comme il est dit ci-dessus ; 2° D'une subvention de l'État à inscrire annuellement au budget ; 3° Des dons et leg faits à la caisse.	Loi du 11 juillet 1868, article 9.	Suppression d'une disposition transitoire.
ART. 89. — Pour le règlement des pensions viagères à concéder, les accidents sont distingués en deux classes : 1° Accidents ayant occasionné une incapacité absolue de travail ; 2° Accidents ayant entraîné une incapacité permanente du travail de la profession. La pension accordée pour les accidents de la seconde classe n'est que la moitié de la pension afférente aux accidents de la première.	Loi du 11 juillet 1868, article 10.	
ART. 90. — La pension viagère due aux assurés, suivant la distinction de l'article précédent, est servie par la Caisse des retraites, moyennant la remise qui lui est faite par la Caisse des assurances en cas d'accidents du capital nécessaire à la constitution de ladite pension d'après les tarifs de la Caisse des retraites.	Loi du 11 juillet 1868, article 11.	

TEXTE CODIFIÉ.	LOIS EN VIGUEUR.	OBSERVATIONS.
Ce capital se compose, pour la pension en cas d'accidents de la première classe : 1° D'une somme égale à trois cent vingt fois le montant de la cotisation versée par l'assuré ; 2° D'une seconde somme égale à la précédente et qui est prélevée sur les ressources indiquées aux paragraphes 2 et 3 *de l'article 88.* Le montant de la pension correspondant aux cotisations de cinq francs et de trois francs ne peut être inférieur à deux cents francs pour la première et à cent cinquante francs pour la seconde. La seconde partie du capital ci-dessus est élevée de manière à atteindre ces minima, lorsqu'il y a lieu.		
ART. 91. — Le secours à allouer, en cas de mort par suite d'accident, à la veuve de l'assuré, et, s'il est célibataire ou veuf sans enfants, à son père ou à sa mère sexagénaire, est égal à deux années de la pension à laquelle il aurait eu droit aux termes de l'article précédent. L'enfant ou les enfants mineurs reçoivent un secours égal à celui qui est attribué à la veuve. Les secours se *payent* en deux annuités.	Loi du 11 juillet 1868, article 12.	
ART. 92. — Les rentes viagères constituées en vertu de *l'article 88* ci-dessus sont incessibles et insaisissables.	Loi du 11 juillet 1868, article 13.	
ART. 93. — Les administrations publiques, les établissements industriels, les compagnies de chemins de fer, les sociétés de secours mutuels autorisées, peuvent assurer collectivement leurs ouvriers ou leurs membres par listes nominatives, comme il *sera* dit à l'article *208.* Les administrations municipales peuvent assurer de la même manière les compagnies ou subdivisions de sapeurs-pompiers contre les risques inhérents soit à leur service spécial, soit au professions individuelles des ouvriers qui les composent.	Loi du 11 juillet 1868, article 15, § 1 et 2.	
ART. 94. — Chaque assuré ne peut obtenir qu'une seule pension viagère. Si, dans le cas d'assurances collectives, plusieurs cotisations ont été versées sur la même tête, elles *sont réunies,* sans que la cotisation ainsi formée pour la liquidation de la pension puisse dépasser le chiffre de huit francs ou de cinq francs, fixé *par l'article 87* ci-dessus.	Loi du 11 juillet 1868, article 15, § 3.	

TEXTE CODIFIÉ.	LOIS EN VIGUEUR.	OBSERVATIONS.
Art. 95. — Les tarifs *doivent être revisés* tous les cinq ans, à partir de 1870. Ils *sont*, s'il y a lieu, modifiés par une loi.	Loi du 11 juillet 1868, article 16.	
Art. 96. — *La Caisse d'assurance prévue à l'article 85 ci-dessus est gérée* par la Caisse des dépôts et consignations. Toutes les recettes disponibles provenant soit des versements des assurés, soit des intérêts perçus par *la Caisse* sont successivement, et dans les huit jours au plus tard, employés en achat de rentes sur l'État. Ces rentes sont inscrites au nom *de la Caisse*.	Loi du 11 juillet 1868, article 17, § 1 et 2.	
Art. 97. — Une commission supérieure, instituée sur les bases de la loi du 12 juin 1861, est chargée de l'examen des questions relatives à *la Caisse d'assurance en cas d'accidents, ainsi qu'à la Caisse d'assurance en cas de décès visée à l'article 200 ci-après*. Cette commission présente, chaque année, au *Président de la République* un rapport sur la situation morale et matérielle des deux caisses d'assurance, lequel est communiqué au *Sénat* et à la *Chambre des députés*.	Loi du 11 juillet 1868, article 17, § 3 et 4.	
Art. 98. — *Le Gouvernement fait* dresser une statistique annuelle indiquant le nombre, la nature, les causes des accidents qui se produisent dans les différentes professions.	Loi du 11 juillet 1868, article 18, § 2.	
Art. 99. — Un règlement d'administration publique *détermine*, d'après les bases posées *dans la présente section*, les conditions spéciales des polices et la forme des assurances : *il désigne* les agents de l'État par l'intermédiaire desquels les assurances *peuvent* être contractées. Les certificats, actes de notoriété et autres pièces exclusivement relatives à l'exécution *des dispositions contenues dans la présente section sont* délivrés gratuitement et dispensés des droits de timbre et d'enregistrement.	Loi du 11 juillet 1868, article 19.	
Section II. — *Assurances contre les accidents de travail régis par les chapitres I et II.*		
Art. 100. — Les opérations de la Caisse nationale d'assurances en cas d'accidents, *visée à la section précédente*, sont étendues aux risques prévus par *les chapitres I et II du titre 1er du présent livre*, pour les accidents ayant entraîné la mort ou une incapacité permanente absolue ou partielle.	Loi du 24 mai 1899, article 1er, § 1.	

TEXTE CODIFIÉ.	LOIS EN VIGUEUR.	OBSERVATIONS.
Art. 101. — Les tarifs correspondants sont établis par la Caisse nationale d'assurances en cas d'accidents et approuvés par décret rendu sur le rapport du Ministre *du commerce* et du Ministre des finances.	Loi du 24 mai 1899, article 1er, § 2.	Suppression des dispositions transitoires.
Art. 102. — Les primes *doivent* être calculées de manière que les risques et les frais généraux d'administration de la Caisse soient entièrement couverts, sans qu'il soit nécessaire de recourir à la subvention prévue *par l'article 88 ci-dessus.*	Loi du 24 mai 1899, article 1er, § 3.	

TITRE II. — De la vieillesse et de l'invalidité.

CHAPITRE Ier. — Dispositions générales.

		Ce chapitre est destiné à contenir les dispositions législatives dont le Parlement est saisi sur le régime général des retraites ouvrières.

CHAPITRE II. — Dispositions spéciales aux exploitations minières.

Section I. — *De la constitution des retraites.*

TEXTE CODIFIÉ.	LOIS EN VIGUEUR.	OBSERVATIONS.
Art. 103. — Les exploitants des mines, et les ouvriers et employés de ces exploitations *sont soumis* aux obligations et *jouissent* des avantages édictés par *la présente section*, pour ce qui touche l'organisation et le fonctionnement des *caisses de retraites.*	Loi du 29 juin 1894, article 1er, § 1.	Suppression d'une disposition transitoire.
Art. 104. — Les employés et ouvriers dont les appointements dépassent deux mille quatre cents francs (2,400^f) ne *bénéficient* que jusqu'à concurrence de cette somme *desdites* dispositions.	Loi du 29 juin 1894, article 1er, § 2.	
Art. 105. — Les exploitations de minières et carrières souterraines ou à ciel ouvert *peuvent* être assimilées aux exploitations de mines pour l'application *des dispositions ci-après* en vertu de décrets rendus en Conseil d'État sur la proposition du Ministre des travaux publics.	Loi du 29 juin 1894, article 31.	
Art. 106. — L'exploitant *doit verser* chaque mois, soit à la Caisse nationale des retraites pour la vieillesse, soit dans une des caisses prévues à l'article *110*, pour la formation du capital constitutif des pensions de retraites, une somme égale à quatre pour cent du salaire des ouvriers ou employés, dont moitié à prélever sur le salaire et moitié à fournir par l'exploitant lui-même.	Loi du 29 juin 1894, article 2, § 1.	

TEXTE CODIFIÉ.	LOIS EN VIGUEUR.	OBSERVATIONS.
Art. 107. — *Ces* versements *peuvent être* augmentés par l'accord des deux parties intéressées. L'exploitant *peut* prendre à sa charge une fraction supérieure à la moitié du versement ou sa totalité.	Loi du 29 juin 1894, article 2, § 2 et 3.	
Art. 108. — *Les* versements *sont* inscrits sur un livret individuel au nom de chaque ouvrier ou employé. Ils *sont* faits à capital aliéné. Toutefois, si le titulaire du livret le demande, le versement de la part prélevée sur son salaire sera fait à capital réservé.	Loi du 29 juin 1894, article 2, § 2.	
Art. 109. — Les pensions sont acquises et liquidées dans les conditions prévues *au chapitre VI du présent titre.* L'entrée en jouissance est fixée à cinquante-cinq ans; elle *peut* être différée sur la demande de l'ayant droit, mais les versements *cessent*, à partir de cet âge, d'être obligatoires.	Loi du 29 juin 1894, article 3.	
Art. 110. — Les exploitants de mines *peuvent* obtenir l'autorisation de créer des caisses syndicales ou patronales de retraites pour les ouvriers ou employés occupés dans leurs exploitations.	Loi du 29 juin 1894, article 4, § 1.	
Art. 111. — L'autorisation *est* donnée par décret rendu dans la forme des règlements d'administration publique. Le décret *fixe* les limites du district, les conditions du fonctionnement de la caisse et son mode de liquidation. Il *prescrit* également les mesures à prendre pour assurer le transfert, soit à une autre caisse syndicale ou patronale, soit à la Caisse nationale des retraites pour la vieillesse, des sommes inscrites au livret de chaque intéressé.	Loi du 29 juin 1894, article 4, § 2.	
Art. 112. — Les fonds versés par les exploitants dans la caisse syndicale ou patronale *doivent* être employés en rentes sur l'État, en valeurs du Trésor ou garanties par le Trésor, en obligations départementales ou communales; les titres *doivent* être nominatifs.	Loi du 29 juin 1894, article 4, § 3.	
Art. 113. — La gestion des caisses syndicales ou patronales *est* soumise à la vérification de l'inspection des finances et au contrôle du receveur particulier de l'arrondissement du siège de la caisse.	Loi du 29 juin 1894, article 4, § 4.	
Art. 114. — Si des conventions spéciales interviennent entre les exploitants et leurs ouvriers ou employés dans le but d'assurer à ceux-ci, à leurs	Loi du 29 juin 1894, article 5, § 1.	

TEXTE CODIFIÉ.	LOIS EN VIGUEUR.	OBSERVATIONS.
veuves ou à leurs enfants, soit un supplément de rente viagère, soit des rentes temporaires ou des indemnités déterminées d'avance, le capital formant la garantie des engagements résultant desdites conventions *doit être versé ou représenté à la Caisse des dépôts et consignations ou dans les caisses à créer en vertu de l'article 110 ci-dessus.*		
ART. 115. — Les exploitants *adressent* chaque année, par l'intermédiaire du préfet, au Ministre des travaux publics, et dans les formes déterminées par lui, le compte rendu des mesures prises en exécution *de l'article qui précède.*	Loi du 29 juin 1894, article 5, § 2.	

SECTION II. — *Régime transitoire des retraites acquises ou en cours d'acquisition antérieurement au régime actuel.*

TEXTE CODIFIÉ.	LOIS EN VIGUEUR.	OBSERVATIONS.
ART. 116. — Les pensions déjà acquises à un titre quelconque *antérieurement au régime actuel tel qu'il a été déterminé par la loi du 29 juin 1894*, et dont le service incombe à l'exploitant, *sont fournies* comme précédemment suivant les règlements particuliers de l'entreprise.	Loi du 29 juin 1894, article 21.	
ART. 117. — Le montant des pensions en cours d'acquisition *antérieurement au régime actuel et* dont le service incombe à l'exploitant *est calculé* par application des règlements ou des usages en vertu desquels ces pensions étaient précédemment accordées. Si la rente acquise à raison des versements effectués en exécution de l'article *106* est inférieure au montant de la pension calculée comme il vient d'être dit, *la différence reste à la charge* de l'exploitant. Il *peut* être dérogé aux dispositions des deux paragraphes qui précèdent par des conventions librement intervenues entre les exploitants et leurs ouvriers ou employés.	Loi du 29 juin 1894, article 22.	
ART. 118. — Les caisses de prévoyance précédemment organisées avec le concours des ouvriers et employés en vue d'assurer des secours et de constituer des rentes temporaires, des pensions de retraite d'âge, d'invalidité ou d'accidents, *fonctionnent* exclusivement pour l'exécution des engagements contractés *antérieurement au régime actuel* par lesdites caisses en ce qui concerne tant les pensions acquises à un titre quelconque que les pensions de retraites en cours d'acquisition.	Loi du 29 juin 1894, article 23.	Suppression des dispositions transitoires.

TEXTE CODIFIÉ.	LOIS EN VIGUEUR.	OBSERVATIONS.
ART. 119. — Le capital constitutif des rentes incombant, soit aux exploitants, soit aux caisses de prévoyance, *peut* être déposé, en totalité ou par annuités successives, à la Caisse nationale des retraites pour la vieillesse, qui *doit*, en ce cas, inscrire les rentes au livret individuel de chaque ayant droit et en effectuer le payement à partir de l'âge fixé pour l'entrée en jouissance.	Loi du 29 juin 1894, article 28.	
ART. 120. — Tout exploitant qui a constitué des pensions d'âge ou d'invalidité en vertu *des dispositions de la présente section* est tenu, dans la première quinzaine de janvier de chaque année, d'adresser au préfet, dans la forme que *fixe* le Ministre des travaux publics, la liste des retraites ainsi créées par lui pendant l'année précédente.	Loi de finances du 31 mars 1903, article 98.	
ART. 121. — Tout ouvrier ou employé au profit duquel une pension de retraite d'âge ou d'invalidité *était en cours d'acquisition antérieurement au régime actuel* est dispensé de la retenue prescrite par l'article *106*, s'il *a déclaré* devant le maire de la commune de sa résidence, qu'il *entendait* renoncer au bénéfice de cet article. Dans ce cas, et pendant toute la durée de la renonciation, l'exploitant *est également* dispensé du versement qui lui incombe aux termes du même article *106*.	Loi du 29 juin 1894, article 25.	Suppression du paragraphe 2, qui paraît ne se rapporter qu'à une mesure transitoire.

SECTION III. — *Des majorations de retraites et des allocations d'ancienneté réservées aux anciens ouvriers mineurs.*

TEXTE CODIFIÉ.	LOIS EN VIGUEUR.	OBSERVATIONS.
ART. 122. — Une somme de un million de francs est affectée, chaque année, dans les conditions déterminées *ci-après* : 1° Pour un tiers, à la majoration de la pension d'âge ou d'invalidité de plus de 50 francs acquise, ou en instance de liquidation au 1er janvier 1903, en faveur de tout ouvrier ou employé des mines de nationalité française par application *des dispositions prévues dans la section précédente* ; 2° Pour les deux autres tiers, à des allocations en faveur de tous autres ouvriers ou employés des mines, de nationalité française, âgés de 55 ans au moins au 1er janvier 1903 et justifiant, à cette date, de trente années de travail salarié dans les mines françaises.	Loi du 31 mars 1903, article 84.	

TEXTE CODIFIÉ.	LOIS EN VIGUEUR.	OBSERVATIONS.
ART. 123. — La majoration ne *peut* élever la pension majorée au delà du chiffre de 360 francs y compris tous autres revenus tant de l'intéressé que de son conjoint, mais indépendamment de tout salaire en argent ou en nature.	Loi du 31 mars 1903, article 85.	
ART. 124. — L'allocation prévue à l'article *122, 2°*, est limitée au chiffre de 240 francs, y compris tous autres revenus, tant de l'intéressé que de son conjoint, mais indépendamment de tout salaire en argent ou en nature, et indépendamment aussi soit *de la pension acquise exclusivement dans le régime de retraites prévu par la première section du présent chapitre*, soit d'une pension de 50 francs au plus liquidée au 1er janvier 1903 *en vertu des dispositions prévues dans la IIe section.* Hors ce dernier cas, l'allocation du présent article ne peut se cumuler avec une retraite acquise ou qui viendrait à être acquise en vertu *des dispositions de cette IIe section.* Un décret délibéré en conseil des Ministres, faisant état des disponibilités résultant des extinctions, *peut* relever jusqu'au chiffre de 360 francs le maximum prévu au paragraphe 1er du présent article.	Loi du 31 mars 1903, article 86.	
ART. 125. — La loi annuelle de finances *détermine* le nombre de centimes additionnels à la redevance des mines qui *doivent* être établis en représentation de la part contributive des exploitants aux allocations prévues à l'article *124*. Cette part est fixée à la moitié de ces dépenses et des frais d'application *des dispositions de la présente section.*	Loi du 31 mars 1903, article 87.	
ART. 126. — Tout ouvrier ou employé qui *veut* bénéficier des dispositions de la présente *section doit* en faire la déclaration, soit en personne, soit par mandataire, au maire de la commune de son domicile. Les déclarations *sont reçues sous peine de forclusion*, chaque année, du 1er janvier au dernier jour de février. La déclaration *n'est* renouvelée qu'en cas de modifications survenues dans les titres invoqués par les intéressés. La déclaration est exempte de frais. Elle *est* établie dans les formes et accompagnée des justifications que *fixe* un arrêté du Ministre des travaux publics. La déclaration *est* rédigée par les soins du maire et signée par le déclarant. Il en est donné récépissé.	Loi du 31 mars 1903, article 88.	Suppression d'une disposition transitoire.

TEXTE CODIFIÉ.	LOIS EN VIGUEUR.	OBSERVATIONS.

Le maire la transmet immédiatement au préfet avec son avis.

Elle est enregistrée à la préfecture, dès sa réception sur un registre spécial.

Art. 127. — Les déclarations sont soumises à une commission ainsi composée :

Le préfet ou son représentant, président;

L'ingénieur en chef des mines ou un fonctionnaire de l'administration des mines délégué par lui;

Le directeur des contributions directes ou un fonctionnaire de cette administration délégué par lui;

Le directeur de l'enregistrement, des domaines et du timbre ou un fonctionnaire de cette administration délégué par lui;

Un exploitant et un ouvrier des mines du département.

Le préfet désigne cet exploitant et cet ouvrier; ce dernier *doit* être pris parmi les administrateurs des caisses de secours des mines élus par les ouvriers toutes les fois que *cela est* possible.

Tous les deux *doivent*, à moins d'impossibilité, appartenir à des entreprises différentes.

Dans les départements que *désigne* le Ministre des travaux publics, il *peut* être établi, à raison du nombre et de l'importance des exploitations, des commissions distinctes par arrondissement de sous-préfecture, ou par toute autre circonscription que *fixent* des arrêtés du Ministre des travaux publics.

Les déclarations reçues dans un département où *n'existe* pas d'entreprise minière *sont* renvoyées à l'examen de la commission qui siège dans la circonscription où se trouve la mine dans laquelle l'ouvrier a fait le plus long séjour.

Art. 128. — La commission examine et admet, s'il y a lieu, les titres invoqués dans les déclarations; elle arrête le montant des revenus personnels et celui de la pension à majorer.

Une année ne peut entrer en compte dans la durée des services que si elle donne 220 jours au moins de travail salarié.

Est assimilé au travail salarié le temps pendant lequel l'ouvrier a chômé pour maladie ou pendant

Loi du 31 mars 1903, article 89, et loi du 21 juillet 1903.

Loi du 31 mars 1903, article 90.

TEXTE CODIFIÉ.	LOIS EN VIGUEUR.	OBSERVATIONS.
lequel il *a reçu* l'indemnité temporaire pour accident du travail, si, pendant ce temps, ont été faits sur son livret individuel, les versements prévus par l'article *183 ci-après*.		
Art. 129. — Les décisions de la Commission sont transmises, par le soins du préfet, au Ministère des travaux publics, le 1er juillet de chaque année au plus tard. D'après ces décisions, le Ministre arrête le montant des majorations et des allocations, conformément aux règles tracées par les articles *132 et 133 ci-après*. Tout déclarant reçoit par les soins du préfet, avant le 31 décembre, avis de la décision prise par la Commission sur sa déclaration. Tout intéressé peut prendre communication de l'arrêté ministériel de répartition, dont une ampliation est déposée, à cet effet, avant le 31 décembre, dans les bureaux de la préfecture ou sous-préfecture du chef-lieu de chaque sous-arrondissement minéralogique. Avis de ce dépôt est publié dans les journaux du département.	Loi du 31 mars 1903, article 91.	
Art. 130. — La Commission peut toujours reviser, dans son travail annuel, la décision antérieure, soit sur la proposition du préfet, soit sur la requête présentée par le bénéficiaire. La requête en revision du bénéficiaire est introduite dans les formes et délais prescrits pour les déclarations. La nouvelle décision ainsi prise n'a pas d'effet sur les répartitions antérieures.	Loi du 31 mars 1903, article 92.	
Art. 131. — Les décisions de la Commission ne peuvent être déférées au Conseil d'État que pour incompétence, excès de pouvoir ou violation de la loi. Le recours n'est ouvert qu'au préfet ou à l'intéressé. Il est dispensé d'avocat et a lieu sans frais. Les recours au Conseil d'État contre les arrêtés ministériels de répartition sont dispensés d'avocat et ont lieu sans frais.	Loi du 31 mars 1903, article 93.	
Art. 132. — En cas d'insuffisance du crédit réservé par le paragraphe 1er de l'article *122* pour relever à 360 francs les pensions à majorer, chaque majoration *est* réduite proportionnellement jusqu'à ce que le total soit compris dans les limites du crédit. Les fractions de franc ne *sont* pas inscrites.	Loi du 31 mars 1903, article 94.	

TEXTE CODIFIÉ.	LOIS EN VIGUEUR.	OBSERVATIONS.
Art. 133. — Le montant total du crédit affecté, en vertu de l'article *122*, aux allocations de l'article *124* est réparti par parties égales entre tous les ayants droit admis par les commissions. Les disponibilités provenant des extinctions *viennent* chaque année en accroissement des allocations à attribuer jusqu'à ce qu'elles aient atteint la limite fixée par l'article *124*. Les fractions de franc ne *sont* pas inscrites.	Loi du 31 mars 1903, article 95.	
Art. 134. — Les majorations et allocations sont dues à compter du premier jour du trimestre qui suit celui dans lequel a été faite la déclaration. Elles sont payables par quart à partir du 1er janvier de l'année qui suit la date de la décision de la Commission prévue à l'article *127*, de trimestre en trimestre et à terme échu. Elles sont incessibles et insaisissables. Les sommes non perçues sont prescrites, au profit du Trésor, trois ans après leur échéance.	Loi du 31 mars 1903, article 96.	
Art. 135. — Les certificats, actes de notoriété et autres pièces exclusivement relatives à l'exécution des dispositions *de la présente section sont* délivrés gratuitement et dispensés des droits de timbre et d'enregistrement.	Loi du 31 mars 1903, article 97.	

Section IV. — *Dispositions diverses.*

TEXTE CODIFIÉ.	LOIS EN VIGUEUR.	OBSERVATIONS.
Art. 136. — Pour les différends *relatifs à* l'exécution *des dispositions contenues dans le présent chapitre et* qui seraient déférés aux tribunaux civils, il *est* statué comme en matière sommaire et jugé d'urgence. Les intéressés *bénéficient* de l'assistance judiciaire. Tous actes, documents et pièces quelconques à produire *sont* dispensés du timbre et enregistrés gratis. Les intéressés agissant en nom collectif *sont* représentés par un mandataire nommé par eux à la majorité des voix, sans préjudice, pour chacun d'eux, du droit d'intervention individuelle.	Loi du 29 juin 1894, article 27.	Cette formule tendrait, conformément sans doute aux intentions implicites du législateur, à étendre aux litiges civils qui naîtraient de l'application de la loi du 31 mars 1903 les dispositions applicables au regard de la loi du 29 juin 1894.

TEXTE CODIFIÉ.	LOIS EN VIGUEUR.	OBSERVATIONS.
Art. 137. — Un règlement d'administration publique *détermine* le mode de nomination du mandataire prévu à l'article *précédent*, et d'une manière générale les mesures nécessaires à l'application des prescriptions *contenues dans les deux premières sections du présent chapitre.*	Loi du 29 juin 1894, article 29.	On a supprimé les dispositions d'ordre transitoire contenues dans cet article, ainsi que les articles 24 et 26 de la loi.

CHAPITRE III. — Dispositions spéciales aux exploitations de chemins de fer.

TEXTE CODIFIÉ.	LOIS EN VIGUEUR.	OBSERVATIONS.
Art. 138. — Les Compagnies et Administrations de chemins de fer *doivent* soumettre à l'homologation ministérielle les statuts et règlements de leurs caisses de retraites et de secours.	Loi du 27 décembre 1890, article 2.	Suppression d'une disposition transitoire.
Art. 139. — Dans le cas où l'homologation prévue par l'article *précédent* n'est accordée que sous réserve de certaines modifications ou additions non acceptées par la compagnie, il *est statué* par un décret rendu sur avis conforme du Conseil d'État.	Loi du 10 avril 1902.	

CHAPITRE IV. — Dispositions spéciales à la marine marchande.

TEXTE CODIFIÉ.	LOIS EN VIGUEUR.	OBSERVATIONS.
Art. 140. — *Indépendamment des dispositions contenues dans les articles 262 et suivants du Code de commerce et dans la législation spéciale sur la Caisse des invalides de la Marine,* les inscrits maritimes qui sont atteints de *maladies* ayant leur cause directe dans un *risque* de leur profession survenu pendant la durée de leur dernier embarquement sur un navire français et les mettant dans l'impossibilité *de continuer* la navigation ont droit, *suivant les cas,* aux pensions ou aux indemnités *temporaires prévues dans la section* Ire *du chapitre III du titre Ier du présent livre.* *Les dispositions des articles 55 et suivants sont également applicables au cas où les intéressés meurent des conséquences des maladies susvisées.*	Loi du 21 avril 1898, article 5.	
Art. 141. — *Les pensions ou indemnités sont couvertes au moyen des cotisations et dans les conditions spécifiées au chapitre III.*		

TEXTE CODIFIÉ.	LOIS EN VIGUEUR.	OBSERVATIONS.

CHAPITRE V. — Caisses patronales de retraites.

ART. 142. — *Toutes* les sommes *retenues* sur les salaires des ouvriers et toutes celles que les chefs d'entreprise *ont* reçues ou se *sont* engagés à fournir en vue d'assurer des retraites *doivent* être versées, soit à la Caisse nationale des retraites pour la vieillesse, au compte individuel de chaque ayant droit, soit à la Caisse des dépôts et consignations, soit à des caisses syndicales ou patronales spécialement autorisées à cet effet.	Loi du 27 décembre 1895, article 3, § 1er.	Suppression d'une disposition transitoire.
ART. 143. — L'autorisation *est* donnée par décret rendu dans la forme des règlements d'administration publique. Le décret *fixe* les limites du district, les conditions de fonctionnement de la caisse et son mode de liquidation. Il *prescrit* également les mesures à prendre pour assurer le transfert, soit à une autre caisse syndicale ou patronale, soit à la Caisse nationale des retraites pour la vieillesse, des sommes inscrites au livret de chaque intéressé.	Loi du 27 décembre 1895, article 3, § 2.	
ART. 144. — Les sommes versées par les chefs d'entreprise dans la caisse syndicale ou patronale *doivent* être employées, soit en rentes sur l'État, en valeurs du Trésor ou garanties par le Trésor, soit en obligations des départements, des communes, des chambres de commerce, en obligations foncières et communales du Crédit foncier, soit en prêts hypothécaires, soit enfin en valeurs locales énumérées ci-après, à la condition que ces valeurs émanent d'institutions existant dans les départements où elles fonctionnent : bons de mont-de-piété ou d'autres établissements reconnus d'utilité publique. Les titres *doivent être* nominatifs.	Loi du 27 décembre 1895, article 3, § 3.	
ART. 145. — La gestion des caisses syndicales ou patronales *est* soumise à la vérification de l'inspection des finances et au contrôle du receveur particulier de l'arrondissement du siège de la caisse.	Loi du 27 décembre 1895, article 3, § 4.	
ART. 146. — Si des conventions spéciales interviennent entre les chefs d'entreprise et les ouvriers ou employés en vue d'assurer à ceux-ci, à leurs veuves ou à leurs enfants, soit un supplément de rente viagère, soit des rentes temporaires	Loi du 27 décembre 1895, article 3, § 5.	

TEXTE CODIFIÉ.	LOIS EN VIGUEUR.	OBSERVATIONS.
ou des indemnités déterminées d'avance, le capital formant la garantie des engagements résultant desdites conventions *doit* être versé ou représenté à la Caisse des dépôts et consignations ou dans une des caisses syndicales ou patronales ci-dessus prévues.		

CHAPITRE VI. — Caisse nationale des retraites pour la vieillesse.

TEXTE CODIFIÉ.	LOIS EN VIGUEUR.	OBSERVATIONS.
ART. 147. — *La Caisse nationale des retraites pour la vieillesse fonctionne* sous la garantie de l'État, dans les conditions ci-après énoncées.	Loi du 20 juillet 1886, article 1er.	Suppression d'une disposition transitoire.
ART. 148. — *Elle* est gérée par l'administration de la Caisse des dépôts et consignations, *qu'elle rembourse des* frais de gestion.	Loi du 20 juillet 1886, article 2, et loi de finances du 26 décembre 1890, article 58.	Suppression d'une disposition transitoire.
ART. 149. — Il est formé, auprès du Ministère du commerce, une commission supérieure chargée de l'examen de toutes les questions qui concernent la Caisse nationale des retraites pour la vieillesse. Cette commission présente chaque année au *Président de la République*, sur la situation morale et matérielle de la Caisse, un rapport qui est distribué au *Sénat* et à la *Chambre des députés*. Elle est composée de seize membres, ainsi qu'il suit : deux sénateurs nommés par le Sénat, deux députés nommés par la Chambre; deux conseillers d'État nommés par le Conseil d'État; deux présidents de sociétés de secours mutuels désignés par le Ministre de l'intérieur; un industriel désigné par le Ministre du commerce. Ces membres sont nommés pour trois ans. Font partie de droit de la Commission : le président de la chambre de commerce de Paris; le directeur général de la Caisse des dépôts et consignations; le directeur *de l'assurance et de la prévoyance sociales* au Ministère du commerce; le directeur général de la comptabilité publique au Ministère des finances; le directeur du mouvement général des fonds au Ministère des finances; le directeur de la dette inscrite au Ministère des finances; le directeur du secrétariat et de la comptabilité au Ministère de l'intérieur. La Commission élit son président.	Loi du 20 juillet 1886, article 3.	
ART. 150. — Le capital des rentes viagères est formé par les versements volontaires des déposants.	Loi du 20 juillet 1886, article 4.	

TEXTE CODIFIÉ.	LOIS EN VIGUEUR.	OBSERVATIONS.
Art. 151. — Les versements sont reçus et liquidés à partir de 1 franc et sans fraction de franc. Ils peuvent être faits, soit à capital aliéné, soit à capital réservé.	Loi du 20 juillet 1886, article 5.	
Art. 152. — Le maximum de la rente viagère que la Caisse nationale des retraites est autorisée à inscrire sur la même tête est fixé à 1,200 francs.	Loi du 20 juillet 1886, article 6.	
Art. 153. — Les sommes versées à la Caisse nationale des retraites pour la vieillesse dans une année, au compte de la même personne, ne *peuvent* dépasser 500 francs. Ne sont pas astreints à cette limite : 1° les versements effectués en vertu d'une décision judiciaire ; 2° les versements effectués par les administrations publiques avec les fonds provenant des cotisations annuelles des agents non admis au bénéfice de la loi du 9 juin 1853 sur les pensions civiles ; 3° les versements effectués par les sociétés de secours mutuels avec les fonds de retraite inaliénables déposés par elles à la Caisse des dépôts et consignations. En aucun cas ces versements ne *peuvent* donner lieu à l'ouverture d'une pension supérieure à 1,200 francs.	Loi du 20 juillet 1886, article 7. Loi de finances du 26 juillet 1893, article 61.	Suppression d'une disposition transitoire.
Art. 154. — Les rentes viagères constituées par la Caisse nationale des retraites sont incessibles et insaisissables jusqu'à concurrence de 360 francs.	Loi du 20 juillet 1886, article 8.	
Art. 155. — Le montant de la rente viagère à servir est calculé conformément à des tarifs tenant compte pour chaque versement : 1° de l'intérêt composé du capital fixé conformément à l'article *159 ci-après ;* 2° des chances de mortalité, en raison de l'âge des déposants et de l'âge auquel commence la retraite, calculées d'après les tables *déduites des résultats* dûment constatés des opérations de la caisse ; 3° du remboursement, au décès, du capital versé, si le déposant en a fait la demande au moment du versement.	Loi du 20 juillet 1886, article 9.	Suppression d'une disposition transitoire.
Art. 156. — L'entrée en jouissance de la pension est fixée, au choix du déposant, à partir de chaque année d'âge accomplie de 50 à 65 ans. Les tarifs sont calculés jusqu'à ce dernier âge. Les rentes viagères au profit des personnes âgées de plus de 65 ans sont liquidées suivant les tarifs déterminés pour l'âge de 65 ans. *Toutefois, cette disposition n'est point applicable aux rentes constituées en vertu des dispositions con-*	Loi du 20 juillet 1886, article 10. Loi du 1er avril 1898, article 24 et combinaison de texte implicite avec la loi du 9 avril 1898.	

TEXTE CODIFIÉ.	LOIS EN VIGUEUR.	OBSERVATIONS.

tenues dans les chapitres I et II du titre Ier du présent livre et dans le titre Ier du livre VI.

ART. 157. — Dans le cas de blessures graves ou d'infirmités prématurées régulièrement constatées, conformément au décret du 27 juillet 1861, et entraînant incapacité absolue de travail, la pension peut être liquidée même avant 50 ans et en proportion des versements faits avant cette époque.

Les pensions ainsi liquidées *peuvent* être bonifiées à l'aide d'un crédit ouvert chaque année au budget du Ministère du *commerce.*

Dans aucun cas, le montant des pensions bonifiées ne *peut* être supérieur au triple du produit de la liquidation, ni dépasser un maximum de trois cent soixante francs (360 fr.) bonification comprise.

La Commission supérieure *statue* sur toutes les demandes de bonification et *doit* en maintenir les concessions dans la limite des crédits disponibles.

Loi du 20 juillet 1886, article 11.

ART. 158. — Indépendamment des crédits *annuels prévus à l'article précédent,* le revenu de la moitié du produit de la vente des joyaux de la couronne *forme* une dotation spéciale affectée au service des pensions exceptionnelles créées en vertu *dudit article.*

Cette dotation est versée à la Caisse des dépôts et consignations, qui lui *bonifie* un intérêt égal à celui qu'elle sert au fond des Caisses d'épargne.

Loi du 31 décembre 1895, article 4, § 1 et 3.

ART. 159. — Les tarifs établis en conformité de l'article *155* sont calculés sur un taux d'intérêt gradué par quart de franc.

Un décret du Président de la République fixe au mois de décembre de chaque année, en tenant compte du taux moyen des placements de fonds en rentes sur l'État effectués par la Caisse pendant l'année, celui de ces tarifs qui doit être appliqué l'année suivante.

Ce décret est rendu sur la proposition du Ministre des finances, après avis de la Commission supérieure.

Loi du 20 juillet 1886, article 12.

ART. 160. — Les versements peuvent être faits au profit de toute personne âgée de plus de 3 ans.

Les versements opérés par les mineurs âgés de moins de 16 ans doivent être autorisés par leur père, mère ou tuteur.

Le versement opéré antérieurement au mariage reste propre à celui qui l'a fait.

Loi du 20 juillet 1886, article 13.

TEXTE CODIFIÉ.	LOIS EN VIGUEUR.	OBSERVATIONS.
Les femmes mariées, quel que soit le régime de leur contrat de mariage, sont admises à faire des versements sans l'assistance de leur mari. Le versement fait pendant le mariage, par l'un des deux conjoints, profite séparément à chacun d'eux par moitié. Peut, néanmoins, profiter à celui des conjoints qui l'effectue, le versement opéré après que l'autre conjoint a atteint le maximum de rente ou après que les versements faits dans l'année au profit exclusif de celui-ci, soit antérieurement au mariage, soit par donation, ont atteint le maximum des versements annuels. Le déposant marié qui *justifie*, soit de sa séparation de corps, soit de sa séparation de biens contractuelle ou judiciaire, *est* admis à effectuer des versements à son profit exclusif. En cas d'absence ou d'éloignement, d'un des deux conjoints depuis plus d'une année, le juge de paix peut accorder l'autorisation de faire des versements au profit exclusif du déposant. Sa décision peut être frappée d'appel devant la Chambre du conseil du tribunal de première instance.		
Art. 161. — Les étrangers résidant en France sont autorisés à faire des versements à la Caisse des retraites pour la vieillesse aux mêmes conditions que les nationaux. Toutefois, ces étrangers ne *peuvent* jouir, en aucun cas, des bonifications dont il est parlé au deuxième paragraphe de l'article *157*.	Loi du 20 juillet 1886, article 14.	
Art. 162. — Le déposant qui a stipulé le remboursement à son décès du capital versé peut, à toute époque, faire abandon de tout ou partie de ce capital, à l'effet d'obtenir une augmentation de rente, sans qu'en aucun cas le montant total puisse excéder 1,200 francs. Le donateur qui a stipulé le retour du capital, soit à son profit, soit au profit des ayants droit du donataire, peut également, à toute époque, faire l'abandon du capital, soit pour augmenter la rente du donataire, soit pour se constituer à lui-même une rente, si la réserve avait été stipulée à son profit.	Loi du 20 juillet 1886, article 15.	
Art. 163. — L'ayant droit à une rente viagère qui a fixé son entrée en jouissance à un âge inférieur à 65 ans peut, dans le trimestre qui précède l'ouverture de la rente, retarder de cinq années son entrée en jouissance, sans qu'elle puisse d'ail-	Loi du 20 juillet 1886, article 16. Loi de finances du 29 mars 1897, article 45.	

TEXTE CODIFIÉ.	LOIS EN VIGUEUR.	OBSERVATIONS.

leurs être reportée au delà de 65 ans et sans que la rente augmentée d'après les tarifs en vigueur, puisse excéder 1,200 francs, et enfin, sans qu'il y ait lieu au remboursement d'une partie du capital déposé.

Le titulaire qui a invoqué le bénéfice du paragraphe 1er du présent article conserve néanmoins le droit d'obtenir, sur sa simple demande, la liquidation de sa pension à toute année d'âge accomplie pendant la période de cinq ans fixée par le dernier ajournement. Toutefois, cette demande de liquidation *n'est* reçue que pendant les trois mois qui *suivent* la date à laquelle le déposant *a* atteint l'âge définitivement choisi pour l'entrée en jouissance de sa rente. Chacune des rentes produites tant par l'ajournement antérieurement souscrit que par les versements ou abandons de capitaux postérieurs à cet ajournement est calculée à nouveau, d'après les tarifs, aux époques où les différentes opérations, soit de versement, soit d'abandon, ou d'ajournement, ont été effectuées.

Art. 164. — Au décès du titulaire de la rente, avant ou après l'époque d'entrée en jouissance, le capital déposé est remboursé sans intérêts aux ayants droit si la réserve a été faite au moment du dépôt et s'il n'a pas été fait usage de la faculté accordée par l'article *162* ci-dessus.

Loi du 20 juillet 1886, article 17.

Les certificats de propriété destinés aux retraits de fonds versés à la Caisse des retraites de la vieillesse doivent être délivrés dans les formes et suivant les règles prescrites par la loi du 28 floréal an VII.

Art. 165. — Le capital réservé reste acquis à la Caisse des retraites en cas de déshérence ou par l'effet de la prescription, s'il n'a pas été réclamé dans les trente années qui *ont* suivi le décès du titulaire de la rente.

Loi du 20 juillet 1886, article 18.

Art. 166. — Sont remboursées sans intérêts les sommes qui, lors de la liquidation définitive, *sont* insuffisantes pour produire une rente viagère de 2 francs ou qui *dépassent* soit la somme de 500 francs par année, soit le capital nécessaire pour produire une rente de 1,200 francs.

Loi du 20 juillet 1886, article 19. Loi de finances du 26 juillet 1893, article 61.

Est également remboursée sans intérêts par la Caisse toute somme versée irrégulièrement par suite de fausse déclaration sur les qualités civiles, noms et âge des déposants; ces irrégularités ne peuvent être invoquées par le titulaire du livret

TEXTE CODIFIÉ.	LOIS EN VIGUEUR.	OBSERVATIONS.
ou ses représentants pour exiger le remboursement du capital. Art. 167. — Il est tenu à la Caisse des dépôts et consignations un grand livre sur lequel les rentes viagères pour la vieillesse sont enregistrées. Un double de ce grand livre est conservé au Ministère des finances. L'extrait d'inscription à délivrer à la partie doit, pour former titre valable contre l'État, être revêtu du visa du contrôle institué près la Caisse des dépôts et consignations par la loi du 24 juin 1833.	Loi du 20 juillet 1886, article 20.	
Art. 168. — Il est remis à chaque déposant un livret sur lequel sont inscrits les versements par lui effectués et les rentes viagères correspondantes.	Loi du 20 juillet 1886, article 21.	
Art. 169. — Les fonds de la Caisse nationale des retraites sont employés en rentes sur l'État, en valeurs du Trésor ou, sur la proposition de la Commission supérieure et avec l'autorisation du Ministre des finances, soit en valeurs garanties par le Trésor, soit en obligations départementales et communales. Les sommes nécessaires pour assurer le service des arrérages sont déposées en compte courant au Trésor. Le taux de l'intérêt dudit compte est fixé par le Ministre des finances et ne peut être inférieur au taux d'après lequel est calculé, pour l'année, le montant des rentes viagères à servir aux déposants.	Loi du 20 juillet 1886, article 22.	
Art. 170. — La Caisse nationale des retraites établit chaque année le bilan de ses opérations.	Loi du 20 juillet 1886, article 23.	
Art. 171. — Les certificats, actes de notoriété et autres pièces exclusivement relatives à l'exécution *des dispositions contenues dans le présent chapitre,* sont délivrés gratuitement et dispensés des droits de timbre et d'enregistrement.	Loi du 20 juillet 1886, article 24.	
Art. 172. — Un règlement d'administration publique *détermine* les mesures propres à assurer l'exécution *des dispositions contenues dans le présent chapitre* et notamment : 1° les attributions et le mode de fonctionnement de la Commission supérieure; 2° la forme des livrets et des extraits d'inscription; 3° le mode d'après lequel les versements *sont* faits soit directement par les déposants, soit pour leur compte par les caisses d'épargne et les associations de prévoyance mutuelle.	Loi du 20 juillet 1886, article 25.	

TEXTE CODIFIÉ.	LOIS EN VIGUEUR.	OBSERVATIONS.
Art. 173. — L'Administration de la Caisse des retraites *doit s'entendre* avec les *Administrations* des finances et des postes et des télégraphes pour permettre les versements chez les comptables directs du Trésor et chez les receveurs des postes, soit en espèces, soit en timbres-poste.	Loi du 20 juillet 1886, article 26.	Suppression d'une disposition transitoire.
Art. 174. — Une instruction pratique résumant les avantages et le fonctionnement de la Caisse nationale des retraites, *rédigée*, après avis de la Commission supérieure, par l'Administration de la Caisse *doit être* affichée : 1° dans toutes les mairies; 2° dans tous les bureaux des comptables directs du Trésor; 3° dans tous les bureaux de poste; 4° dans toutes les écoles publiques.	Loi du 20 juillet 1886, article 27.	Suppression d'une disposition transitoire.

CHAPITRE VII. — MAJORATIONS DES PENSIONS DE LA CAISSE NATIONALE DES RETRAITES ET DES SOCIÉTÉS DE PRÉVOYANCE.

TEXTE CODIFIÉ.	LOIS EN VIGUEUR.	OBSERVATIONS.
Art. 175. — *Indépendamment des bonifications prévues à l'article 157 ci-dessus*, un crédit *spécial* ouvert au *budget* du Ministère du *commerce* est affecté à la majoration des rentes viagères constituées au profit des titulaires de livrets individuels de la Caisse nationale des retraites pour la vieillesse et des membres des sociétés de secours mutuels ou de toute autre société de secours et de prévoyance servant des pensions de retraite, qui *justifient* de la continuité des versements exigés par *l'article suivant*, âgés d'au moins 65 ans.	Loi du 31 décembre 1895, article 1er. — Loi de finances du 25 février 1901, article 60.	
Art. 176. — Pour avoir droit à cette majoration, qui *ne peut excéder* le cinquième de la rente à majorer, les titulaires de ces rentes, outre la condition d'âge indiquée à l'article précédent, *doivent :* 1° Justifier qu'ils ne jouissent pas, y compris la ladite rente viagère, d'un revenu personnel, viager ou non, supérieur à 360 francs; 2° Avoir effectué pendant vingt-cinq années, consécutives ou non, des actes de prévoyance, soit par vingt-cinq versements annuels au moins opérés sur un livret de la Caisse des retraites, soit par vingt-cinq cotisations régulières en qualité de membre participant d'une des sociétés visées à l'article *175* ayant, depuis le même temps, établi un fonds de retraites. Des comptes annuels *sont* produits par ces sociétés à l'appui de leur demande.	Loi du 31 décembre 1895, article 2. — Loi de finances du 13 juillet 1896, article 25.	Suppression de dispositions transitoires.

TEXTE CODIFIÉ.	LOIS EN VIGUEUR.	OBSERVATIONS.
Art. 177. — Le revenu personnel entrant en ligne de compte pour la formation des 360 francs de retraite *prévus à l'article précédent* s'entend uniquement de la fortune personnelle consolidée du bénéficiaire. Les ressources qu'il pourrait encore tirer de son travail n'entrent pas en ligne de compte, à moins qu'il ne s'agisse d'un traitement de l'État, du département et des communes.	Loi de finances du 30 mai 1899, article 33.	
Art. 178. — Un règlement d'administration publique *détermine* la répartition au marc le franc des crédits ouverts pour la bonification des retraites. Ces crédits *sont* versés à la Caisse nationale des retraites à capital aliéné. Les arrérages de ce capital ne *peuvent* être dépassés, et les pensions servies, majoration comprise, ne *doivent* pas s'élever à une somme annuelle supérieure à 360 francs. Sur l'avis de la Commission supérieure de surveillance de la Caisse nationale des retraites pour la vieillesse, des bonifications spéciales *peuvent* être attribuées aux parents ayant élevé plus de trois enfants jusqu'à l'âge de 3 ans accomplis.	Loi du 31 décembre 1895, article 3. — Loi de finances du 13 avril 1890, article 75.	

TITRE III. — Maladie et décès.

CHAPITRE Ier. — ASSURANCES EN CAS DE MALADIE.

SECTION I. — *Dispositions générales.*

Art. 179. — *Indépendamment des dispositions contenues au titre 1er du livre VI, sur les sociétés de secours mutuels, au titre II du livre III, sur les syndicats professionnels et dans les articles 262 et suivants du Code de commerce l'assurance contre la la maladie est réalisée dans les conditions prévues aux sections II et III ci-après.*		

SECTION II. — *Dispositions spéciales aux exploitations minières.*

Art. 180. — *Pour les exploitations visées aux articles 103 et 105 ci-dessus, et sous la réserve prévue à l'article 104, il est institué des caisses de secours dans les conditions ci-après.*		

TEXTE CODIFIÉ.	LOIS EN VIGUEUR.	OBSERVATIONS.
Art. 181. — *Chaque caisse est alimentée par :* 1° Un prélèvement sur le salaire de chaque ouvrier ou employé, dont le montant *est* fixé par le Conseil d'administration de la société, sans pouvoir dépasser 2 p. o/o du salaire ; 2° un versement de l'exploitant égal à la moitié de celui des ouvriers ou employés ; 3° les sommes allouées par l'État sur les fonds de subvention aux sociétés de secours mutuels ; 4° les dons et legs ; 5° le produit des amendes encourues pour infraction aux statuts et de celles infligées aux membres participants par application du règlement intérieur de l'entreprise.	Loi du 29 juin 1894, article 6.	
Art. 182. — Les statuts des sociétés de secours doivent fixer : 1° la nature et la quotité des secours et des soins à donner aux membres participants que la maladie ou des infirmités empêcheraient de travailler ; 2° en cas de décès des membres participants, la nature et la quotité des subventions à allouer à leurs familles ou ayants droit. Les statuts peuvent autoriser l'allocation de secours en argent et de soins médicaux et pharmaceutiques aux femmes et enfants des membres participants et à leurs ascendants. Ils peuvent aussi prévoir des secours journaliers en faveur des femmes et des enfants des réservistes de l'armée active et des hommes de l'armée territoriale appelés à rejoindre leur corps, enfin des allocations exceptionnelles et renouvelables en faveur des veuves ou orphelins d'ouvriers ou employés décédés, après avoir participé à la société de secours.	Loi du 29 juin 1894, article 7.	
Art. 183. — En cas de maladie entraînant une incapacité de travail de plus de quatre jours, avec suppression de salaire, la caisse de la société de secours *doit verser* à la fin de chaque semestre, au compte individuel du sociétaire participant à une caisse de retraites, une somme au moins égale à 5 p. o/o de l'indemnité de maladie prévue par les statuts. L'obligation de ce versement *cesse* avec l'indemnité de maladie elle-même.	Loi du 29 juin 1894, article 8.	
Art. 184. — A défaut d'accord entre les intéressés, la circonscription de chaque société de secours *est* fixée par un décret rendu en Conseil d'État.	Loi du 29 juin 1894, article 9.	

TEXTE CODIFIÉ.	LOIS EN VIGUEUR.	OBSERVATIONS.

Une même exploitation *peut* être divisée en plusieurs circonscriptions de secours.

Une seule société *peut* être établie pour les concessions ou exploitations voisines, appartenant soit à un seul exploitant, soit à plusieurs concessionnaires.

Les industries annexes des exploitations de mines *peuvent*, à la demande des parties intéressées, et sous l'autorisation du Ministre des travaux publics, être agrégées aux circonscriptions des sociétés de secours des mines.

Art. 185. — La Société est administrée par un Conseil composé de neuf membres au moins.

Un tiers des membres est désigné par l'exploitant; les deux autres tiers sont élus par les ouvriers ou employés parmi les membres participants dans les conditions indiquées aux articles suivants.

Il *est* procédé en même temps, et dans les mêmes conditions, à la nomination de trois membres suppléants destinés à remplacer, en cas d'absence ou de vacance, les membres titulaires.

Si l'exploitant renonce, au moment d'une élection, à faire usage en tout ou en partie de la faculté qui lui est réservée par le précédent paragraphe, les membres du Conseil non désignés par l'exploitant sont élus par les ouvriers et employés.

Les décisions prises par le Conseil ne sont valables que si plus des deux tiers des suffrages ont été exprimés; néanmoins, après une seconde convocation faite dans la forme ordinaire, les décisions sont prises à la majorité, quel que soit le nombre des suffrages exprimés.

Le Conseil nomme parmi ses membres un président, un secrétaire, un trésorier.

(Loi du 29 juin 1894, article 10.)

Art. 186. — Sont électeurs tous les ouvriers et employés, du fond et du jour, français, jouissant de leurs droits politiques, inscrits sur la feuille de la dernière paye.

Sont éligibles, à la condition de savoir lire et écrire, et, en outre, de n'avoir jamais encouru de condamnations aux termes des dispositions, soit *des articles 118 et 193 du présent livre*, soit de la loi du 21 avril 1810 et du décret du 3 janvier 1813, soit des articles 414 et 415 du Code pénal, les électeurs âgés de 25 ans accomplis occupés depuis plus de cinq ans dans l'exploitation à la-

(Loi du 29 juin 1894, article 11.)

TEXTE CODIFIÉ.	LOIS EN VIGUEUR.	OBSERVATIONS.
quelle se rattache la société de secours. Toutefois, dans les cinq premières années de l'exploitation, le nombre des années de service exigées *est* réduit à la durée de l'exploitation elle-même. Les électeurs sont convoqués pour la première fois par un arrêté du préfet qui fixe la date de l'élection, ainsi que les heures d'ouverture et de fermeture du scrutin. Le vote a lieu à la mairie de la commune désignée dans l'arrêté de convocation parmi celles sur le territoire desquelles s'étend la circonscription. Le bureau électoral est présidé par le maire. L'arrêté est publié et affiché, dans les communes intéressées, quinze jours au moins avant l'élection. Il est notifié à l'exploitant. Dans les huit jours qui suivent cette notification, les listes électorales de la circonscription sont affichées, à la diligence de l'exploitant, aux lieux habituels pour les avis donnés aux ouvriers. Un double de ces listes est, par les soins de l'exploitant, remis au maire qui est chargé de présider le bureau. *Si* l'exploitant *refuse* ou *néglige* de se conformer aux prescriptions qui précèdent, *le* préfet peut, *faire* dresser et afficher les listes électorales *à ses* frais. *Ces* frais, rendus exécutoires par le préfet, *sont* recouvrés comme en matière de contributions publiques.		
Art. 187. — Les opérations électorales subséquentes ont lieu dans le local indiqué, suivant les formes et aux conditions prescrites par les statuts. Ce local ne *peut* être autre qu'une mairie. Pour ces opérations le maire *est* tenu de mettre une des salles de la mairie à la disposition de la société.	Loi du 29 juin 1894, article 11. Loi du 16 juillet 1896.	
Art. 188. — Les statuts peuvent en outre décider que la circonscription sera divisée en sections électorales et fixer le nombre de conseillers à élire pour chacune, ce nombre ne pouvant en aucun cas être inférieur à deux conseillers.	Loi du 16 juillet 1896.	
Art. 189. — Si le vote, soit pour la circonscription entière, soit pour une de ses sections électorales, a eu lieu dans plusieurs mairies, le juge de paix compétent pour connaître des contestations prévues à l'article *191 ci-dessous* est celui de la commune	Loi du 16 juillet 1896.	

TEXTE CODIFIÉ.	LOIS EN VIGUEUR.	OBSERVATIONS.
qui, lors de la convocation des électeurs, *a dû* être désignée pour la réunion des résultats et la proclamation du vote.		
ART. 190.— Le vote a toujours lieu, au scrutin de liste, un dimanche. Nul n'est élu au premier tour de scrutin s'il n'a obtenu la majorité absolue des suffrages exprimés et un nombre de voix égal au quart du nombre des électeurs inscrits. Au deuxième tour de scrutin auquel il doit être procédé le dimanche suivant, la majorité relative suffit. En cas d'égalité de suffrages, le plus âgé des candidats est élu. Les membres du Conseil sont élus pour trois ans et renouvelables par tiers chaque année. Il est pourvu dans les six mois qui suivent la vacance, au remplacement des membres décédés, démissionnaires ou déchus des qualités requises pour l'éligibilité. Les nouveaux élus sont nommés pour le temps restant à courir jusqu'au terme assigné aux fonctions de ceux qu'ils remplacent.	Loi du 29 juin 1894, article 12.	
ART. 191.— Les contestations sur la formation des listes et sur la validité des opérations électorales sont portées, dans le délai de quinze jours à dater de l'élection, devant le juge de paix de la commune où les opérations ont eu lieu. Elles sont introduites par simple déclaration au greffe. Le juge de paix statue dans les quinze jours de cette déclaration, sans frais ni forme de procédure et sur simple avertissement donné trois jours à l'avance à toutes les parties intéressées. La décision du juge de paix est en dernier ressort, mais elle peut être déférée à la Cour de cassation. Le pourvoi n'est recevable que s'il est formé dans les dix jours de la notification de la décision. Il n'est pas suspensif. Il est formé par simple requête déposée au greffe de la justice de paix, dénoncée aux défendeurs dans les dix jours qui suivent. Il est dispensé du ministère d'un avocat à la Cour et jugé d'urgence sans frais ni amende. Les pièces et mémoires fournis par les parties sont transmis sans frais par le greffier de la justice de paix au greffier de la Cour de cassation. La chambre des requêtes statue définitivement sur le pourvoi. Tous les actes sont dispensés du timbre et enregistrés gratis.	Loi du 29 juin 1894, article 13.	

TEXTE CODIFIÉ.	LOIS EN VIGUEUR.	OBSERVATIONS.
Art. 192. — Les statuts sont dressés par le premier conseil; ils sont soumis, par l'intermédiaire du préfet, à l'approbation du Ministre des travaux publics. Après l'approbation, ils sont notifiés à l'exploitant. La décision du Ministre peut être déférée au Conseil d'État, au contentieux. Le recours est dispensé des droits de timbre et d'enregistrement et peut être formé sans ministère d'avocat. Toute modification aux statuts comporte une nouvelle approbation ministérielle. Les statuts sont affichés en permanence, par les soins de l'exploitant, aux lieux habituels des avis donnés aux ouvriers. Un exemplaire en est remis par l'exploitant, contre récépissé, à chaque ouvrier ou employé lors de l'embauchage,	Loi du 29 juin 1894, article 14.	
Art. 193. — Les sociétés de secours sont tenues de communiquer leurs livres, procès-verbaux et pièces comptables de toute nature au préfet et aux ingénieurs des mines. Cette communication a lieu sans déplacement, sauf le cas où il en serait ordonné autrement par arrêté du préfet. Les sociétés adressent chaque année, par l'intermédiaire du préfet, aux Ministres des travaux publics et de l'intérieur, et dans les formes déterminées par eux, le compte rendu de leur situation financière et un état des cas de maladie ou de mort éprouvés par les participants dans le cours de l'année.	Loi du 29 juin 1894, article 15.	
Art. 194. — A la fin de chaque année le Conseil d'administration fixe, sur les excédents disponibles, les sommes à laisser dans la caisse pour en assurer le service, et celles à déposer à la Caisse des dépôts et consignations. Ce dépôt *doit* être effectué par le Conseil d'administration dans le délai d'un mois, sous la responsabilité solidaire de ses membres, sans préjudice, le cas échéant, de l'application de l'article 408 du Code pénal. Les administrateurs qui auraient effectué ou laissé effectuer un emploi de fonds non autorisé par les statuts encourent la même responsabilité et les mêmes pénalités. Le total de la réserve ne *peut* dépasser le double des recettes de l'année.	Loi du 29 juin 1894, article 16.	
Art. 195. — Dans le cas d'inexécution des statuts ou de violation des dispositions *contenues dans la présente section*, la dissolution du Conseil d'ad-	Loi du 29 juin 1894, article 17.	

TEXTE CODIFIÉ.	LOIS EN VIGUEUR.	OBSERVATIONS.
ministration peut être prononcée par le Ministre des travaux publics, après avis du Conseil général des mines, sans préjudice de la responsabilité civile ou pénale encourue par les administrateurs. Les électeurs *doivent* être réunis pour procéder à la nomination du nouveau conseil, au plus tard dans un délai de deux mois. Dans l'intervalle, la caisse *est* gérée par un délégué du préfet.		
ART. 196. — Les sociétés de secours qui *existaient antérieurement au régime actuel tel qu'il a été déterminé par la loi du 29 juin 1894*, et dont les statuts *étaient* régulièrement approuvés par l'autorité administrative, *conservent* leur organisation et leur mode de fonctionnement pour ce qui touche les obligations de *la présente section*, sauf dans les cas où leur transformation serait reconnue nécessaire par le Ministre des travaux publics, sur l'avis du Conseil général des mines. Elles *jouissent* d'ailleurs des recettes prévues par l'article *181* qui précède.	Loi du 29 juin 1894, article 18.	
ART. 197. — Les statuts *peuvent* décider que le service des secours sera confié à une compagnie d'assurances.	Loi du 29 juin 1894, article 19.	
ART. 198. — *Sont applicables* aux sociétés régulièrement constituées en conformité de *la présente section* les dispositions des articles......... *du livre VI.*	Loi du 29 juin 1894, article 20. — Loi du 1ᵉʳ avril 1898, article 38.	
ART. 199. — Un règlement d'administration publique *détermine* les mesures nécessaires à l'application des *prescriptions de la présente section*.	Loi du 29 juin 1894, article 29.	

SECTION III. — *Dispositions spéciales aux maladies professionnelles.*

		Cette section est destinée à contenir les dispositions législatives spéciales dont la Chambre a décidé l'élaboration par la Résolution du 5 décembre 1901. Elle devra alors comprendre la disposition relative aux maladies professionnelles des marins, qu'il a paru préférable, en l'état de la législation, de laisser provisoirement au titre II (art. 140).

TEXTE CODIFIÉ.	LOIS EN VIGUEUR.	OBSERVATIONS.
CHAPITRE II. — ASSURANCES EN CAS DE DÉCÈS. SECTION I. — *Assurances individuelles et collectives en cas de décès.*		
ART. 200. — Il est créé, sous la garantie de l'État, une Caisse d'assurance ayant pour objet de payer, au décès de chaque assuré, à ses héritiers ou ayants droit une somme déterminée suivant les bases fixées à l'article ci-après. *Cette Caisse est régie par les dispositions des articles 96 et 99 ci-dessus.*	Loi du 11 juillet 1868, article 1.	
ART. 201. — La participation à l'assurance est acquise par le versement de primes uniques ou de primes annuelles. La somme à payer au décès de l'assuré est fixée conformément à des tarifs tenant compte : 1° De l'intérêt composé à 4 p. o/o par an des versements effectués ; 2° Des chances de mortalité, à raison de l'âge des déposants. Les primes établies d'après les tarifs susénoncés *sont* augmentées de 6 p. o/o.	Loi du 11 juillet 1868, article 2.	Suppression d'un double emploi.
ART. 202. — Les tarifs *de la Caisse sont* revisés tous les cinq ans, à partir de 1870. Ils *sont*, s'il y a lieu, modifiés par une loi.	Loi du 11 juillet 1868, article 16.	
ART. 203. — Les modifications à apporter *aux tarifs sont*, en ce qui concerne le taux de l'intérêt et les chances de mortalité, déterminées par un décret du Président de la République, rendu sur la proposition du *Ministre du commerce* et du Ministre des finances, après avis de la Commission supérieure des caisses d'assurance. Le taux de l'intérêt *est* fixé en tenant compte des placements effectués par la Caisse et gradué par quart de franc. Les chances de mortalité *sont* calculées d'après les tables dites de Deparcieux. *Elles seront calculées* ultérieurement d'après de nouvelles tables de mortalités établies conformément à l'article *209* ci-dessous. Lorsque des modifications *sont* apportées au tarif, elles ne *s'appliquent* qu'aux assurances nouvelles contractées à partir du 1ᵉʳ janvier qui *suit* la date du décret les déterminant.	Loi de finances du 26 juillet 1893, article 59.	Suppression d'une disposition transitoire et d'un double emploi.
ART. 204. — Toute assurance faite moins de deux ans avant le décès de l'assuré demeure sans effet. Dans ce cas, les versements effectués sont	Loi du 11 juillet 1868, article 3.	

TEXTE CODIFIÉ.	LOIS EN VIGUEUR.	OBSERVATIONS.
restitués aux ayants droit, avec les intérêts simples à 4 p. o/o. Il en est de même lorsque le décès de l'assuré, quelle qu'en soit l'époque, résulte de causes exceptionnelles *définies* dans les polices d'assurances.		
ART. 205. — Nul ne peut s'assurer s'il n'est âgé de seize ans au moins et de soixante ans au plus.	Loi du 11 juillet 1868, article 5.	
ART. 206. — Les sommes assurées sur une tête ne peuvent excéder trois mille francs. Elles sont insaisissables et incessibles jusqu'à concurrence de la moitié, sans toutefois que la partie incessible ou insaisissable puisse descendre au-dessous de six cents francs.	Loi du 11 juillet 1868, article 4.	
ART. 207. — A défaut de payement de la prime annuelle dans l'année qui *suit* l'échéance, le contrat est résolu de plein droit. Dans ce cas, les versements effectués, déduction faite de la part afférente aux risques courus, sont ramenés à un versement unique donnant lieu au profit de l'assuré, à la liquidation d'un capital au décès. La déduction est calculée d'après les bases du tarif.	Loi du 11 juillet 1868, article 6.	
ART. 208. — Les sociétés de secours mutuels approuvées conformément *aux dispositions du titre Ier du livre VI*, sont admises à contracter des assurances collectives sur une liste indiquant le nom et l'âge de tous les membres qui les composent pour assurer au décès de chacun d'eux une somme fixe qui, dans aucun cas, ne *peut* excéder mille francs. Ces assurances *sont* faites pour une année seulement et d'après des tarifs spéciaux déduits des règles générales arrêtées à l'article *201*. Elles *peuvent* se cumuler avec les assurances individuelles.	Loi du 11 juillet 1868, article 7.	
ART. 209. — Le Gouvernement fera préparer de nouvelles tables de mortalité d'après les données de l'expérience.	Loi du 11 juillet 1868, article 18.	Suppression d'une disposition transitoire.

SECTION II. — *Assurances temporaires.*

TEXTE CODIFIÉ.	LOIS EN VIGUEUR.	OBSERVATIONS.
ART. 210. — La caisse d'assurance en cas de décès *visée à l'article 200* ci-dessus est autorisée à	Loi du 30 novembre 1894, article 7, § 1.	

TEXTE CODIFIÉ.	LOIS EN VIGUEUR.	OBSERVATIONS.
passer avec les acquéreurs ou les constructeurs de maisons à bon marché *régies par les dispositions du titre III du livre VI* qui se libèrent du prix de leur habitation au moyen d'annuités, des contrats d'assurances temporaires ayant pour but de garantir à la mort de l'assuré, si elle survient dans la période d'années déterminée, le payement des annuités restant à échoir.		
ART. 211. — Le chiffre maximum du capital assuré ne *peut* pas dépasser la somme déduite du taux de capitalisation de 4 fr. 27 p. o/o, appliqué au revenu net énoncé *au livre VI, titre III,* (art.). La durée du contrat *doit* être fixée de manière à ne reporter aucun payement éventuel de primes après l'âge de soixante-cinq ans.	Loi du 30 novembre 1894, article 7, § 2 et 5.	
ART. 212. — Tout signataire d'une proposition d'assurance, faite dans les conditions *de l'article 210 doit* répondre aux questions et se soumettre aux constatations médicales *prescrites* par les polices. En cas de rejet de la proposition, la décision ne *doit* pas être motivée.	Loi du 30 novembre 1894, article 7, § 3.	
ART. 213. — L'assurance *produit* son effet dès la signature de la police.	Loi du 30 novembre 1894, article 7, § 3.	Suppression d'une disposition qui semble inutile pour mettre le texte de l'article en harmonie avec celui de l'article 2 de la loi du 17 juillet 1897.
ART. 214. — La somme assurée au *cas prévu par la présente section est* cessible en totalité dans les conditions fixées par les polices.	Loi du 30 novembre 1890, article 7, § 4.	

SECTION III. — *Assurances mixtes.*

TEXTE CODIFIÉ.	LOIS EN VIGUEUR.	OBSERVATIONS.
ART. 215. — La caisse d'assurance en cas de décès *visée à l'article 200 est* autorisée à passer, soit avec les sociétés de secours mutuels, au profit de leurs membres participants, soit avec des contractants individuels, faisant ou non partie des sociétés de secours mutuels, soit avec les chefs d'industrie au profit de leurs ouvriers, des contrats d'assurances mixtes, ayant pour but le payement d'un capital déterminé, soit aux assurés eux-mêmes s'ils sont vivants à une époque fixée d'avance, soit à leurs ayants droit, et aussitôt après le décès, si les assurés meurent avant cette époque.	Loi du 17 juillet 1897, article 1er, § 1.	

TEXTE CODIFIÉ.	LOIS EN VIGUEUR.	OBSERVATIONS.
Art. 216. — Ces assurances ne *peuvent* se cumuler avec d'autres assurances individuelles, en cas de décès, que jusqu'à concurrence de 3,000 francs.	Loi du 17 juillet 1897, article 1er, § 2.	
Art. 217. — La durée du contrat *doit* être fixée de manière à ne pas reporter le terme de l'assurance après l'âge de soixante-cinq ans.	Loi du 17 juillet 1897, article 1er, § 3.	
Art. 218. — *L'assuré doit se soumettre aux dispositions de l'article 212 ci-dessus.*		
Art. 219. — *Il peut stipuler que moitié* seulement de la somme assurée sera payable à ses ayants droit s'il décède au cours du contrat.	Loi du 17 juillet 1797, article 1er, § 4.	
Art. 220. — L'assurance *produit* son effet dès la signature de la police.	Loi du 17 juillet 1897, article 2, § 2.	
Art. 221. — Un règlement d'administration publique *détermine* les conditions dans lesquelles la caisse d'assurance en cas de décès *peut* organiser des assurances mixtes aux termes de l'article *215 ci-dessus* ainsi que les modalités du payement de la première prime et des primes ultérieures.	Loi du 17 juillet 1897, article 3.	
Art. 222. — La caisse nationale des retraites pour la vieillesse est autorisée à recevoir en un seul versement le capital, à quelque somme qu'il s'élève, qui proviendrait d'une assurance mixte contractée dans les conditions qui précèdent. Ce capital *sert* à la constitution d'une rente viagère immédiate ou différée sur la tête de l'assuré et de son conjoint, ou, en cas de décès au cours de l'assurance, sur la tête du conjoint survivant, dans les conditions prévues *au chapitre VI du titre II ci-dessus.*	Loi du 17 juillet 1897, article 4.	

TITRE IV. — Assurance contre le chômage.

		L'assurance contre le chômage a déjà fait l'objet de plusieurs propositions de lois et il semble indispensable qu'une législation prochaine ménage un statut juridique aux organismes professionnels ou locaux d'assurances contre le chômage, qui, à l'heure actuelle, ne pour-

TEXTE CODIFIÉ.	LOIS EN VIGUEUR.	OBSERVATIONS.
		raient régulièrement se constituer. Il a, dès lors, paru qu'il importait dans le livre des assurances ouvrières, de marquer au moins la place de l'assurance contre le chômage.

TITRE V. — Dispositions diverses.

TEXTE CODIFIÉ.	LOIS EN VIGUEUR.
ART. 223. — En cas de faillite, de liquidation judiciaire ou de déconfiture, lorsque pour une institution de prévoyance, il *a été opéré* des retenues sur les salaires, ou que des versements *ont* été reçus par le chef de l'entreprise, ou que lui-même *s'est engagé* à fournir des sommes déterminées, les ouvriers, employés ou bénéficiaires, sont admis de plein droit à réclamer la restitution de toutes les sommes non utilisées conformément aux statuts.	Loi du 27 décembre 1895, article 1er, § 1.
ART. 224. — Cette restitution *s'étend* dans tous les cas, aux intérêts convenus des sommes ainsi retenues, reçues ou promises par le chef de l'entreprise. À défaut de convention, les intérêts *sont* calculés d'après les taux fixés annuellement pour la Caisse nationale des retraites pour la vieillesse.	Loi du 27 décembre 1895, article 1er, § 2.
ART. 225. — Les sommes ainsi déterminées et non utilisées conformément aux statuts *deviennent* exigibles en cas de fermeture de l'établissement industriel ou commercial. Il en *est* de même en cas de cession volontaire, à moins que le cessionnaire ne consente à prendre les lieu et place du cédant.	Loi du 27 décembre 1895, article 1er, §§ 3 et 4.
ART. 226. — La Caisse des dépôts et consignations est autorisée à recevoir, à titre de dépôt, les sommes ou valeurs appartenant ou affectées aux institutions de prévoyance fondées en faveur des employés et ouvriers. Les sommes ainsi reçues *portent* intérêt à un taux égal au taux d'intérêt du compte des caisses d'épargne.	Loi du 27 décembre 1895, article 2.
ART. 227. — Le seul fait du dépôt opéré, soit à la Caisse des dépôts et consignations, soit à toute autre caisse, des sommes ou valeurs affectées aux institutions de prévoyance, quelles qu'elles soient, confère aux bénéficiaires de ces institutions un droit de gage, dans les termes de l'article 2073	Loi du 27 décembre 1895, article 4, § 1.

TEXTE CODIFIÉ.	LOIS EN VIGUEUR.	OBSERVATIONS.
du Code civil, sur ces sommes et valeurs. Ce droit de gage s'exerce dans la mesure des droits acquis et des droits éventuels.		
ART. 228. — La restitution des retenues ou autres sommes affectées aux institutions de prévoyance qui, lors de la faillite ou de la liquidation n'auraient pas été effectivement versées à l'une des caisses indiquées ci-dessus, est garantie, pour la dernière année et ce qui *est dû* sur l'année courante, par un privilège sur tous les biens meubles et immeubles du chef de l'entreprise, lequel *prend* rang concurremment avec le privilège des salaires des gens de service établi par l'article 2101 du Code civil.	Loi du 27 décembre 1895, article 4, § 2.	
ART. 229. — Pour toutes les contestations relatives à leurs droits dans les caisses de prévoyance, de secours et de retraite, les ouvriers et employés peuvent charger, à la majorité, un mandataire d'ester pour eux en justice, soit en demandant, soit en défendant.	Loi du 27 décembre 1895, article 5.	
ART. 230. — Un règlement d'administration publique *détermine* le mode de nomination du mandataire et les conditions suivant lesquelles *sont* effectués le dépôt et le retrait des sommes et valeurs appartenant ou affectées aux institutions de prévoyance. Il *détermine* de même le mode de liquidation des droits acquis et des droits éventuels, ainsi que le mode de restitution aux intéressés.	Loi du 27 décembre 1895, article 6.	

TITRE VI. — Pénalités.

TEXTE CODIFIÉ.	LOIS EN VIGUEUR.	OBSERVATIONS.
ART. 231. — *Les infractions aux dispositions des articles 19, 115, 118, 120, 193, ainsi qu'aux 6ᵉ et 7ᵉ alinéas de l'article 186, sont punies d'une amende de 5 à 15 francs; et, en cas de récidive dans l'année, d'une amende de 16 à 500 francs.*	Loi du 9 avril 1898, article 14. Loi du 29 juin 1894, article 30. Loi du 31 mars 1903, article 98. Loi du 21 avril 1810, article 96.	Il a paru nécessaire de proposer l'unification des pénalités disparates qui sont prévues par les textes en vigueur et qui, pour des infractions de portée sensiblement égale, peuvent s'élever tantôt à 15 francs, tantôt à 200 francs, tantôt à 500 francs, ou même, en cas de récidive, atteindre jusqu'à 5 ans d'emprisonnement.
ART. 232. — *L'article 463 du Code civil est applicable aux infractions ci-dessus visées.*		
ART. 233. — *Les infractions* à l'article *19* peuvent être constatées par les inspecteurs du travail, et les infractions aux articles *115, 118, 120* et *193* par les ingénieurs et contrôleurs des mines, concurremment avec les officiers de police judiciaire.	Loi du 9 avril 1898, article 31. Loi du 29 juin 1894, article 30.	

TEXTE CODIFIÉ.	LOIS EN VIGUEUR.	OBSERVATIONS.

TITRE VII. — Dispositions transitoires.

Art. 234. — Restent respectivement en vigueur, en Algérie et aux colonies, les lois qui y sont actuellement applicables.

Des décrets rendus sur la proposition du Ministre du commerce et des Ministres compétents peuvent déterminer les conditions d'application en Algérie et aux colonies des dispositions du présent livre.

Art. 235. — Sont abrogées les lois des 24 juillet 1867 (art. 66), 11 juillet 1868, 20 juillet 1886, 26 décembre 1890 (art. 58), 27 décembre 1890 (art. 2), 26 juillet 1893 (art. 59 et 61), 29 juin 1894, 30 novembre 1894 (art. 7), 19 décembre 1894, 27 décembre et 31 décembre 1895, 13 juillet 1896 (art. 25), 16 juillet 1896, 29 mars 1897 (art. 45), 17 juillet 1897, 1ᵉʳ avril 1898 (art. 38), 9 avril 1898, 18 avril 1898 (art. 75), 21 avril 1898, 24 mai 1899, 30 mai 1899 (art. 33), 30 juin 1899, 11 juillet 1899 (art. 7), 13 avril 1900 (art. 31), 25 janvier 1901 (art. 60), 22 mars 1902, 30 mars 1902 (art. 81), 10 avril 1902, 31 mars 1903 (art. 84 à 98), 21 juillet 1903 et généralement toutes les dispositions qui ont été abrogées par les lois énumérées dans le présent article.

Sont toutefois maintenus jusqu'à ce qu'ils aient été modifiés, s'il y a lieu, par des règlements d'administration publique nouveaux, les règlements d'administration publique qui se trouvent en vigueur en vertu des dispositions législatives reproduites dans le présent livre.

Il n'a pas paru nécessaire de rappeler dans un texte spécial qu'au regard des étrangers, les dispositions du présent livre peuvent se trouver modifiées par les conventions qui, en matière de prévoyance sociale comme en matière de travail, ont introduit ou introduiraient des dispositions spéciales au bénéfice de certaines nations.

www.ingramcontent.com/pod-product-compliance
Lightning Source LLC
LaVergne TN
LVHW010407060726
842526LV00005B/1553